LES
BOUCLES D'OREILLES,

SOUVENIR DE L'ÉCOLE DE DROIT.

PAR

Louis MERY.

MARSEILLE.

TYPOGRAPHIE DES HOIRS FEISSAT AÎNÉ ET DEMONCHY,

Imprimeurs de la Ville et du Commerce,

RUE CANEBIÈRE, N° 19.

=

DÉCEMBRE. — 1837.

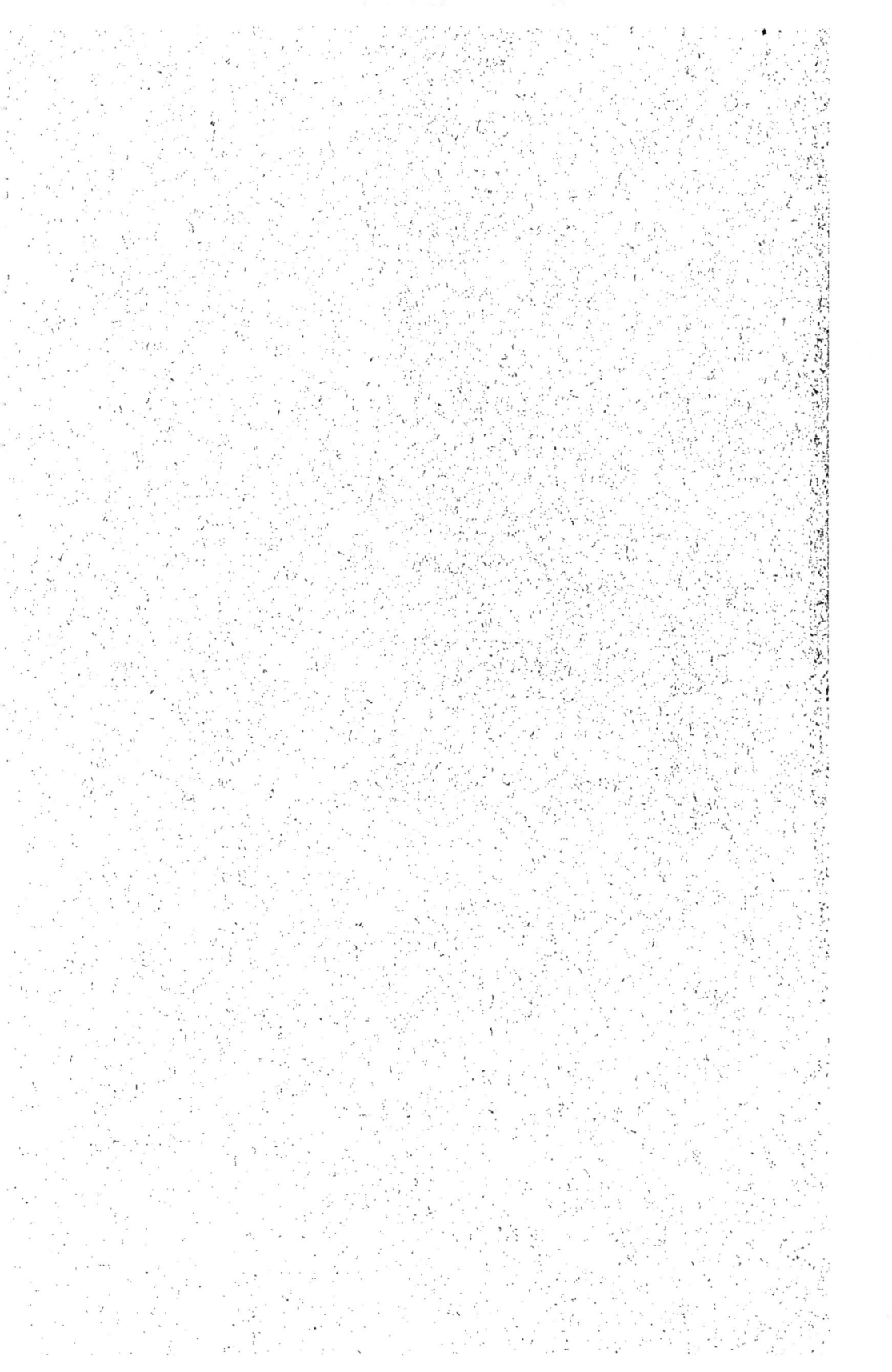

LES
BOUCLES D'OREILLES.

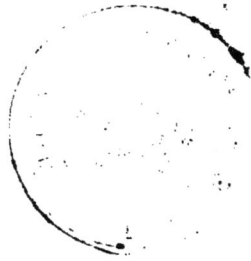

LES
BOUCLES D'OREILLES,

SOUVENIR DE L'ÉCOLE DE DROIT.

PAR

Louis MERY.

MARSEILLE.

TYPOGRAPHIE DES HOIRS FEISSAT AÎNÉ ET DEMONCHY,
Imprimeurs de la Ville et du Commerce,
RUE CANEBIÈRE, N° 19.

=

DÉCEMBRE. — 1837.

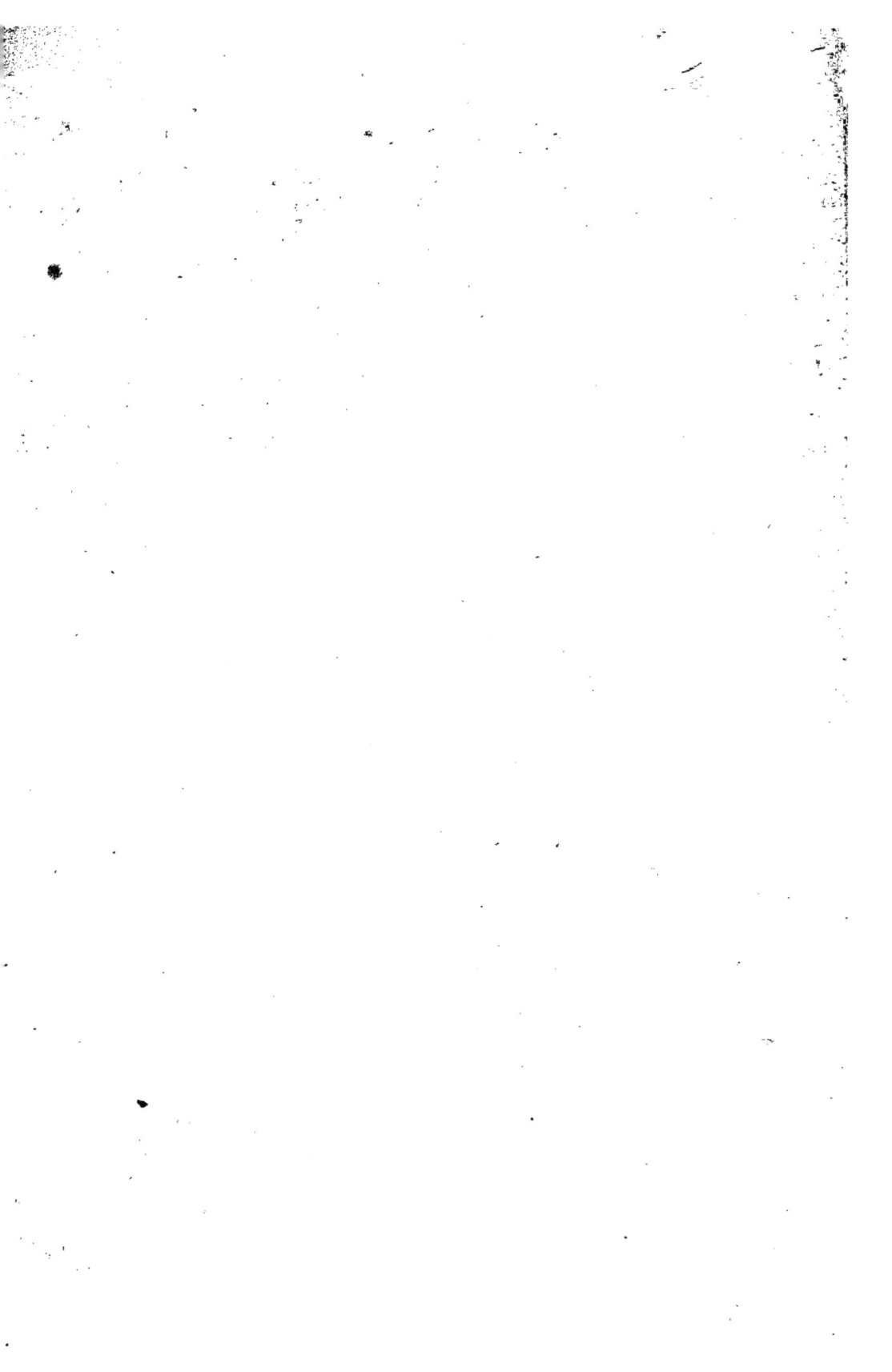

LES

BOUCLES D'OREILLES.

J'AVAIS remarqué, à l'école de droit, un jeune étudiant que son assiduité attentive aux leçons des cours, et la facilité tout amicale de ses manières rendaient intéressant. Sa demeure était voisine de la mienne, et, insensiblement, soit pour nous rendre à l'université, soit pour en revenir, nous avions pris l'habitude d'aller ensemble. Je ne m'étais décidé à l'étude du droit qu'à un âge où elle est d'ordinaire terminée ; et, de plus, j'avais sur mon jeune camarade l'avance de deux années. Mais cette disparité d'âge et par suite de position (car dans la vie d'étudiant, l'aristocratie se règle par ancienneté) cette disparité, jointe à celle de nos humeurs, nous avait rapprochés. Le droit romain forme l'une des matières de l'enseignement de la première et de la troisième années ; c'est à ce cours que nous nous étions connus. Et, ensuite, lui par son abord enjoué avec un caractère qui aimait cependant la vie régulière et sérieuse, moi par cette espèce de gravité que donnent un âge un peu plus avancé et le goût des choses méditatives, nous nous étions décidément convenus.

Depuis que le démon des procès et des crimes a fait d'Aix le chef-lieu de toutes les grandes justices de Provence, l'aspect de ce séjour a bien souvent varié. Jadis, une noblesse, aussi brillante alors qu'elle est râpée aujourd'hui, y animait de vastes et beaux hôtels dont la grandeur seule a survécu. Aix était, dans ces temps reculés, une ville de plaisirs et de galanterie. La gravité de son parlement ne pouvait couvrir la folie de ces mœurs joyeusement aristocratiques. La toute-puissance de la richesse et du rang, l'éloignement de la capitale, la vivacité du caractère méridional, tout concourait à faire étinceler dans ces demeures maintenant si mornes des fêtes continuelles, et jusque dans ces rues où l'herbe croît à présent, les jeux les plus bizarrement extravagans que l'esprit de religion, de plaisir et de mascarade ait nulle part combinés. Aix fut, ainsi, long-temps, le rendez-vous aimé des élégantes dissipations, et l'asile de nos lettres provençales, au milieu de l'ignorance du pays.

Mais, peu-à-peu, cette suprématie de la noblesse s'était affaiblie. Paris n'était pas si éloigné que l'influence envahissante des derniers règnes ne pût s'y faire sentir. La main de Richelieu, d'abord, et plus tard l'acte de souveraineté du jeune Louis XIV sur les Marseillais, sa venue au milieu de sa cour et les armes à la main, cette centralisation qui fesait refluer vers lui toutes les idées de puissance et de grandeur, toutes ces causes réunies avaient diminué l'éclat de l'ancienne capitale du roi René. La jeune noblesse du pays, soit fascination, soit obéissance, avait été entraînée à graviter autour du véritable et grand pouvoir de l'état. Ainsi d'une manière progressive, Aix avait pâli : la comparaison de Versailles avec ce séjour y avait éteint toute animation. Ce n'étaient plus que des plaisirs de pis-aller, ou plutôt ce n'étaient plus des plaisirs. La noblesse parlementaire, seule, sentant le besoin de reporter ses forces sur l'unique instrument d'influence qui lui fût laissé, l'ascendant de la magistrature y concentra son activité. Ce fut le temps des Dupérier, des Julien, des Montvalon, des Leblanc de Castillon, et des Monclar. Quelque chose d'austère sembla prendre empire dans cette ville, où le crédit de la jurisprudence et la puissance de la parole devaient bientôt se formuler par les plus brillantes individualités. Aix suivait, ainsi, dans sa décroissance, la marche générale. De l'éclat nobiliaire, elle avait passé à l'éclat plus plébéien de la science des lois et de l'éloquence judiciaire. Déjà même ce pouvoir s'affaiblissait; et lorsque la révolution de 89 éclatait, Marseille avec sa simple importance mercantile l'effaçait, et lui prenait Mirabeau.

Les transformations sociales qui ont suivi ont tranché sur Aix plus que sur aucune autre ville. Partout où les populations devaient leur origine à l'industrie, au négoce, aux habitudes de la bourgeoisie, ou était entré sans efforts et surtout sans disparate dans l'unité de nos nouvelles organisations publiques. Mais, Aix qui devait son lustre à tout ce que nos nouvelles mœurs détruisaient alors, Aix garda, depuis, un air étrange. Les personnes et les grandeurs étaient déchues, mais les édifices étaient demeurés comme des bijoux trop gros pour être portés au Mont-de-Piété et qu'il a bien fallu garder. De là, les plus bizarres contrastes : de grands noms et de petites gens; de l'étroitesse et de la morgue; de magnifiques hôtels dont toutes les croisées moins deux ou trois restent chargées d'une poussière qu'on ne chassera jamais; des rues muettes et nues que parcourt de loin en loin la chaise à porteurs dédorée; l'hébétement de l'oisiveté regretteuse et paroimonieuse ; le murmure de quelques fontaines thermales ; le cri des chouettes du haut de ces vieux arbres que depuis lors la bourgeoisie de juillet a administrativement coupés au pied, voilà tout ce qui restait du vieux temps à cette époque de mes souvenirs d'école. Et, au milieu de ces oripeaux d'opulence, dont l'énumération ressemble à un inventaire après faillite ou après décès, une population toute singulière, si toutefois, on peut appeler population cette chose clair-semée qui, prise individuellement, se nomme *un habitant d'Aix*. La justice est, en effet, restée, mais restée ce qu'elle est aujourd'hui à peu près partout, c'est-à-dire, banale, sans physionomie, fesant des arrêts comme on fait à Nîmes des bas de soie, à Rouen des cotonnades ou à Marseille des savons. Ces arrêts n'en sont pas moins très-bons, très-utiles, comme le savon, la cotonnade et les bas de soie. Mais tout s'est tellement uniformisé en fait de justice, que cette cour royale ressemblerait à toutes les autres, si elle pouvait ressembler à quelqu'une.

Autour de cette pâle magistrature se meuvent les hommes de robe avec des habitudes méthodiques, ces formes apprêtées que donne la pratique du client, et une fixité d'idées qui leur fait tout transformer en question de droit et en prévisions du palais. L'homme de barreau, pris à part, peut être excellent père de famille et très-bon ami, mais, assez ordinairement, il n'est pas amusant. Cette faculté qui s'étend et se fortifie en lui d'amasser sur un litige toutes ses pensées et toutes les ressources de son érudition, le gauchit et le démanière pour tout le reste. Il demeure volontiers loquace, argumentateur et lourd. Il ne sait pas et même ne peut pas s'éparpiller, sans être au barreau un homme sans consistance, sans tenue. Aussi, pour qu'il se pénètre un peu des manières du monde, lui faut-il vivre dans un milieu qui rompe ses habitudes de métier. A Paris, il apprend à s'effacer ; mais dans une petite ville, où le palais est dominateur, l'homme de robe s'exagère, et tout s'empreint autour de lui d'une monotonie, d'un cachet de profession auquel le plus spirituel a de la peine à se soustraire. C'est ce qui donne aux hommes de loi dans Aix cette pesante allure qui ne s'est modifiée depuis quelques années que par l'introduction d'une activité toute commerciale qui leur vient, peut-être, du voisinage de Marseille. L'homme de palais s'est fait voyageur : il fait ses tournées dans le ressort pour y recueillir des dossiers, comme le commissionnaire des consignations ; quelquefois même, il festoie le client voyageur, comme le ferait un négociant pour son correspondant d'outre-mer. Mais au fond de tout cela, il y a malheureusement toujours quelque procès, quelque discords. On n'est ainsi fêté que parce que la fatalité des choses judiciaires vous condamne à détester quelqu'un : aussi, la moitié pour le moins de ces dîners se passe-t-elle à converser sur *le système adverse* et sur ce qu'en termes de plaideurs on est convenu d'appeler *les intrigues des solliciteurs*. Dans cette sphère de personnes, il n'y a donc rien de bien récréatif. En dessous, c'est bien pis, tous les hommes des mandemens de justice y prennent par leur mise sombre, par ce quelque chose de coërcitif qui se retrouve dans leurs gestes et leur langage, une importance presque farouche. Des bâtons noueux, des visages hâlés, une démarche résolue les caractérisent; et tout cela, il le faut, car, ils ont de dures exécutions à porter dans les communes rurales : contre des paysans une saisie-brandon est presque un combat. Quelle différence avec le garde de commerce de Paris, homme élégant, remplissant son ministère en tilbury et vous invitant à Ste.-Pelagie avec la même grâce qu'il mettrait à vous prier d'entrer chez Tortoni! Vient ensuite la peu gracieuse classe qui garde les postes de gendarmerie, les conciergeries et les geôles. Nous leur devons, sans doute, de n'être plus détroussés sur les routes comme au temps de Gaspard de Besse : mais nous ne leur sommes assurément redevables d'aucune gaîté. Des menottes à mettre ou à ôter, des actes d'écrou à rédiger, des cadenas à faire crier sous les clés rouillées, telle est leur destinée : tout l'esprit, quand ils en ont, les porte à devenir casuistes du code pénal.

Il faut être juste, cependant, toute la population n'est pas ainsi. Il existe à Aix un bourgeois proprement dit qui ne porte jamais les couleurs du palais. On l'a bientôt reconnu à son large chapeau gris sans apprêt, à son bâton grossier, à ses larges souliers éternellement poudreux. Il possède une campagne aux environs d'Aix, et la visite tous les jours. Il parle ordinairement provençal, se croit un grand politique, fume sa pipe sur un tabouret quotidiennement emprunté aux cafés du Cours, et disserte avec beaucoup d'aplomb sur les débats judiciaires. Triste existence qui résume tous les ennuis d'Aix, le pédantisme du barreau sans ses connaissances, les manières rurales sans leur fructueuse activité, le loisir sans la culture des arts et sans les travaux de l'intelligence, la modicité de fortune, sans ce décorum qui la fait reluire et aimer. De ce lignage sort le *Cadet d'Aix*, fils de famille prédestiné à la fainéantise, frelon de la ruche des étudians, jouant habilement le billard, le domino et le mail, prenant des inscriptions toute sa vie sans jamais passer un examen et promenant, ainsi, sa rustique indolence jusqu'au jour où son père lui aura laissé son chapeau gris, son bâton de campagne et son tabouret politique devant la porte des cafés du Cours.

C'est une chose singulière combien l'industrie dominante dans une ville s'y reflète sur tout ; à Aix on vit de justice, et il n'est pas jusqu'à la population flottante, celle qui du moins devrait apporter quelque diversité à ce séjour, qui ne demeure sous l'oppression de cette désespérante spécialité. On n'est voyageur séjournant à Aix que par quatre causes : on est plaideur, juré, témoin, ou prisonnier. Je laisse à l'écart cette dernière catégorie qui d'ailleurs ne pourrait jamais faire l'agrément d'aucune société. Pour le plaideur, il est dans une condition passionnée, autrement il ne plaiderait pas. Il y a quelque chose d'inquiet, d'agité en lui qui le rend très-peu sociable. C'est une maladie intermittente dont voici les phases : le matin il parcourt hâtivement les rues en toilette de cérémonie et avec des gants, relisant entre ses mains la liste des conseillers qu'il visite. A midi, il arpente les pas perdus du palais, dévorant les audiences, et le soir, il assiége la demeure de son avocat ou bien sa loge au spectacle, quand cet avocat a une loge. Le témoin, on le comprend avec ses appréhensions de cours d'assises, toujours préoccupé de ses souvenirs, et repassant cette déposition pour laquelle on le fait voyager par ordre du roi. Enfin, le juré, le juré à Aix victime le premier des crimes qu'il n'a pas commis et qu'il vient juger. Nos institutions nouvelles sont, sans doute, précieuses, mais elles ont eu du malheur dans leur contact avec Aix ; elles ont tout renversé. Ce débonnaire juré se trouve si étrangement puni des méfaits des autres, que tout dans son esprit se place de haut en bas. Il aime à condamner le vol de lapin avec effraction, parce que là il comprend bien qu'on a pris quelque chose, que ce quelque chose est un lapin, et qu'on a fracturé des clôtures pour le prendre. Il protége très-bien ces lapins ; mais s'agit-il d'une banqueroute frauduleuse, oh ! cela est un crime de raison, appréciable par l'intelligence ; alors les volés ne sont plus des volés ; cela s'appelle la *masse des créanciers*. Le banqueroutier est ordinairement absous. Mais le juré est bien excusable, c'est une âme en peine ; il songe à ses affaires qu'il a quittées, à sa famille qui l'attend, à toutes ses habitudes rompues pour une vie d'hôtel ; fut-il oisif, ce n'est pas à Aix qu'il viendrait. On les voit parcourant ensemble les allées du Cours, s'arrêtant à regarder les façades pour se faire une distraction, ou bien courtisant les membres du parquet et jusqu'aux stagiaires défenseurs d'office, pour obtenir la grâce d'une récusation.

Voilà tout Aix, sauf cette population bizarrement costumée, qui sort des diligences pour une demi-heure, trempe ses mains dans l'eau chaude des fontaines et se hâte de rentrer en voiture à la voix du conducteur pour rouler vers l'Italie, vers Marseille, vers les Basses-Alpes ou vers l'intérieur de la France par la route de Paris; sauf encore cet amas de bouchers et de conducteurs de bestiaux qui apparaît tout-à-coup le jeudi, entouré de moutons et de bœufs, et qui après s'être frappé dans la main en signe de consommation du marché, s'en retourne avec sa marchandise bêlante, au milieu des tourbillons de poussière qui l'accompagneront jusqu'aux abattoirs.

Et, cependant, cette ville est remplie de grâces mystérieuses ! il est bon nombre de ceux qui l'ont connue, pour qui cette solitude fut pleine de vie, et ses vieilles demeures pleines de fraîcheur. Ils en aiment encore le silence interrompu seulement par la gémissante voix des cathédrales, les ombrages sinueux de la Torse, les bords rongés de l'Arc, et aussi cette large et aristocratique allée où venait battre leur cœur. Il n'y a aucune magie à tout ceci : c'est que dans cet Aix si sec et si désolé, se renouvelle tous les ans par tiers une étourdie phalange de jeunesse avec son mélange d'études sérieuses et de folle insouciance, de tapageuse humeur et d'émotions passionnées ; c'est l'âme de ce désert. Ils arrivent tous les ans dans les premiers jours de novembre, partis de tous les recoins de la contrée, après les deux mois de vacances qui les séparent de leur scholastique philosophie. Leur venue fait un moment la préoccupation de l'habitant d'Aix, qui les compte comme une récolte ou un gibier : en septembre, il disait en s'asseyant sur son tabouret du cours : *il paraît que cette année la passe des grives sera bonne* ; en octobre il parlait *de l'abondance des olives ;* en novembre, dans toute la bourgeoisie, circule cette nouvelle intéressante : *on dit qu'il est arrivé beaucoup d'étudians.*

Et ce n'est pas que l'étudiant soit aimé dans cette population, où il vient verser son enjouement et son argent de jeune homme. Il est presque mal vu ; peu de maisons lui sont ouvertes ; et, à part quelques cordiales exceptions, des recommandations de clientelle lui facilitent, seules, l'accès de quelques salons de robe. Mais comme, au fond, la ville judiciaire comprend qu'il vient vivifier ses petites industries, et que cet essaim aujourd'hui si bruyant et si léger doit, quelque jour, se répandre sur le pays, et y butiner pour elle les procès, cela fait que sans être hostile et même tolérant assez volontiers les éclats de l'étudiant en raison du profit qu'elle en tire ou qu'elle en espère, elle ne le rejette pas, mais elle l'abandonne à son existence de paria, le laissant vaguer avec ses codes sous le bras et sa tête au vent.

Age heureux ! c'est celui où l'on conserve encore sa famille et ses illusions, on ne traîne après soi ni ambition, ni soins d'existence. C'est un beau quart

d'heure de trêve entre la contrainte du maître et celle des nécessités de la vie.
Pour bien concevoir l'expansion d'esprit et de cœur qui caractérise cette
existence toute neuve, il faut se reporter vers le passé du jeune homme.
Il y a quelques mois, il subissait encore la vie du collége, c'est-à-dire, l'é-
tude et le jeu réglés par l'horloge, le régime de la réclusion, la pénalité du
pensum, la promenade sous escorte, la table silencieuse, le sommeil à la
chute du jour. Et puis, il avait vu se délier toutes ces entraves, mais il lui
était resté la contrainte domestique, le calme et la régularité de la famille,
douce, mais surveillante sollicitude, oppression de tendresse, mais oppression. Et puis tout-à-coup il est libre de maîtres, de surveillans, de parens;
il est à lui; et il n'a pas vingt ans; il est au milieu de ceux de son
âge, avec la richesse de sa modique pension, avec la mansuétude de nouveaux professeurs qui l'instruisent en homme, avec l'indépendance de ses
heures, de ses plaisirs, avec l'amour qui s'épanouit à son cœur et l'espérance devant les yeux. Et, vous ne voudriez pas qu'il aimât cette ville ? Il
animerait les catacombes ! ce n'est pas, certainement, la vie de palais qui le
séduira, elle lui fait plutôt peur, et son instinct candide la fuit. Mais il n'y a
pas de mal à ce qu'il commence par détester un peu la chicane, il l'aimera
bien assez un jour. Quant à la froideur du bourgeois d'Aix, il s'occupe bien
du bourgeois d'Aix, il se soucie bien de savoir si la noblesse lui ferme sa
porte par orgueil; orgueil et noblesse, je vous demande, à quoi ça lui est
bon ? Aussi le voit-on à l'aise dans son isolement, courir en joyeuses bandes
la ville et les champs; si la tête l'entraîne, il recherchera les cafés et le
théâtre, un théâtre où pour quarante francs il aura pendant six mois tout
Grétry et tout Dalayrac; il prendra les airs farouches, la casquette pendan-
te, la moustache épaisse, s'il est possible. Studieux, on le verra, ses cahiers
à la main cotoyer les rives fleuries, parcourant ses *institutes*, et surtout le
labyrinte du *traité des obligations*. Age d'incandescence et d'abandon où
l'on ne sait rien prendre avec mesure, la plupart s'endorment, insouciants
du travail, sans autre appréhension que celle d'un examen au bout du
terme si lointain d'une année; quelques-uns se plongent dans la jurisprudence, dévorant des textes, et amassant confusément de la science qu'il
leur faudra désapprendre un jour. Les caractères se dessinent, qui frivoles,
qui graves, qui dogmatiques, qui flottans et à la merci des idées d'autrui,
mais tous avec les signes particuliers de leur humeur; tous, ou presque tous,
cèdent à ce plaisir d'épanouir enfin leur âme et demandent à leur vie aven-
tureuse le retour de quelqu'un de ces rêves dont s'est dorée leur imagination. Comment Aix ne leur plairait-il pas ? Aix est une ville de douces amou-

rettes ; mélancoliques et solitaires , ce sont des rues faites pour des rendez-vous ; ces grandes maisons appellent le recueillement de l'amour comme
de l'étude ; on dirait que ces obscurs hôtels si long-temps veufs de leurs
joies , aiment à prêter leurs ombres à cette jeunesse furtive qui se glisse
par couples , avertie par le retentissement du pas de quelque lointain passant. J'ai entendu souvent exalter l'heureuse vie de l'étudiant parisien.
Heureuse , eh ! sans doute , car il sera étudiant partout. Mais dans ce
Paris immense, il n'est déjà plus à lui-même, trop de distractions le solli-
citent pour qu'il puisse rien savourer. Spectacles , fêtes , flaneries sur les
méandres séducteurs des boulevarts , à chaque pas , quelque chose le dis-
sipe ; il est de tout et cependant il n'est de rien ; à côté de lui , le faste,
les honneurs , les célébrités qui se coudoient; hors de lui , mille plaisirs ,
vrais ou faux , auxquels il ne peut toucher. C'est commencer bientôt cette
existence envieuse qui, à mesure que l'âge avance , nous aigrit à tous le
cœur. S'il n'envie pas , du moins il regrette, et s'il est sans regret , toujours se prive-t-il , et lui a-t-il fallu déjà se faire philosophe , en
s'habituant à détourner les yeux de ce qui brille au-dessus de lui.
Je crois qu'on a tort de lui faire un bonheur de rester inconnu et
impunément amoureux aux bals des barrières ; c'est seulement parce qu'il
est indifférent à tout ; mieux vaut cent fois la lutte et la guerre ! A Marseille même, qui s'occuperait de la course embarrassée d'un jeune homme
vers le mystère d'un premier rendez-vous ? Il circulerait au milieu des balles
de coton, du charroi bruyant et des passans affairés. Ici chacun marche
avec un but délibéré, on a bien le temps de savoir , de contrarier , ou de
divulguer la soirée d'un écolier de vingt ans ! Adieu donc les délicieux
efforts du mystère là où personne n'épie !

Mais au contraire si la foule cache, combien la solitude trahit : voilà comment s'établit à Aix ce laborieux combat dont une fugitive amourette sera,
peut-être , le prix. Oh ! que d'ennemis et que d'obstacles ! Il s'y forme une
ligue tacite de tous contre un seul. Rivalités de camarades , jalousies de
jeunes filles, perspicacité des oisifs, besoin de cancans, que d'hostilités qui
s'amassent! Dans une ville où chacun se connaît, l'étudiant est suspect du
moment qu'il passe le seuil d'une porte ; on sait où il va , d'où il vient,
c'est effrayant avec quelle force d'induction on reconstruit sa journée. Si,
une seule fois il adresse la parole , ou un regard à une jeune fille et qu'elle
ait l'air de le comprendre , oh ! soyez assurés que quelqu'un l'aura vu ;
si ce n'est un traître d'étudiant, ce sera un goguenard de *cadet d'Aix*, ou
bien quelqu'une de ces bourgeoises , éternellement aux aguets , derrière

leurs vitres ; et la nouvelle accusatrice circulera de la bourgeoise à la voisine , de la voisine à la repasseuse, de la repasseuse à l'étudiant, de l'étudiant à la table d'hôte , de la table d'hôte aux *cadets d'Aix*, aux coiffeuses , à la société de toutes les Dames de la ville ; et alors les quolibets , les malices et le redoublement de l'espionnage le plus actif , le plus subtil , le plus indagateur qui fut jamais !

C'est dans cette ville d'école que mon camarade d'affection commençait, donc, sa vie d'étudiant. Mais son humeur le plus souvent superficielle laissait peu de prise à des sentimens profonds ; ils devaient glisser sur lui. Si , parfois , il lui échappait quelque expression passionnée , elle tournait si vite , par l'accent de sa voix, en folie ou en charge, qu'il vous laissait indécis entre le sérieux et l'ironie , et je crois même qu'il s'en amusait. Du reste il était à son travail , avec tant de mesure que cela devait durer : il voulait réellement s'instruire. Chose assez singulière ! Mon jeune Félicien Duverger venait de finir son éducation à Grenoble , ville d'école aussi , et il avait préféré se dépayser à Aix ! On voyait qu'il n'aimait pas Grenoble ; il n'en parlait jamais volontiers. J'avais seulement appris qu'il y avait perdu sa mère en naissant , et qu'une sœur unique mise dès son jeune âge au couvent , s'y décidait aux vœux monastiques. Ces tristes particularités m'avaient un peu reconcilié avec sa sensibilité , et j'ignorais , puis , si quelque autre cause de chagrin n'ajoutait pas à sa répugnance. Lorsque Félicien avait prié son père de lui laisser faire son droit à Aix , celui-ci bien qu'il vécut à la campagne assez loin de Grenoble, s'y était d'abord refusé. Mais le fils avait mis dans ses intérêts un oncle maternel qui habitait Marseille , et l'avait emporté. — A Grenoble, me disait-il, je n'eusse jamais rien fait, j'y connaissais trop de monde. Au lieu qu'ici je suis libre, je suis seul , et je sens que j'en avais besoin..... Mais pas cependant , au point de manger tout Cujas , mon cher , entendez-vous ?........

§

Avez-vous jamais , à Aix , assisté à la sortie d'un cours de l'université ? Quand la grande cloche de St.-Sauveur sonne le premier coup de dix heures , il se fait sous les tables un léger trépignement , précurseur de la fin des *interrogats*. C'est le moment où la salle est pleine, parce que , diligens et paresseux, tous sont présens pour répondre à l'*appel*. Il faut

2

savoir que l'appel est la chose capitale pour l'étudiant , et voici comment : l'appel donne la mesure de l'assiduité , l'assiduité décide des inscriptions , les inscriptions décident du temps passé à l'école de droit. Si vous manquez à plusieurs appels , vous perdez une inscription. Perdre une inscription , c'est perdre trois mois d'activité de service , et comme , en fin de compte , il en faut douze pour le grade de licencié , vous voilà reporté , pour trois mois , sur la quatrième année. Perspective terrible ! Car , voyez-vous , savoir son droit un peu plus ou un peu moins , c'est tout-à-fait indifférent : on prépare ses examens à travail forcé , et jamais les bons parents n'y connaîtront rien ; mais une inscription perdue , cela parle ! Tous les parens comprennent que quatre ans ne sont pas trois ans ! Aussi une salutaire terreur fait-elle accourir l'étudiant pour répondre : *présent !*

Avant que le professeur soit descendu de sa chaire , avec sa robe noire et rouge , toute la salle est en l'air. Quelques studieux jeunes gens , ceux qui se placent d'ordinaire près de lui l'abordent pour revenir sur des *quid est* qu'ils n'ont pas compris , ou pour lui poser des hypothèses empruntées aux in-folios, et que leur esprit timide ne résout pas; mais de tous côtés, les appellations se croisent, les manteaux se drapent. Il y a dans ce mouvement quelque chose d'écolier et d'homme fait ; et l'on sort , on passe rapidement devant l'ogive du beau portail de St.-Sauveur aux sculptures gothiques et aux cordons de Saints révolutionnairement décapités. Alors le flot de jeunesse descend par groupes la rue du Grand-Séminaire , et du choc répété de ses talons de botte fait résonner le pavé. Il traverse le marché aux paysannes fauves de rousseur. Du milieu des corbeilles s'élève bien souvent une espèce de tréteau peint en rouge, surmonté d'un poteau , d'une chaise et d'un collier de fer. C'est , en effet , l'heure et le lieu des expositions. Les condamnés sont là , impassibles au milieu d'un public indifférent. On dirait que tout cela est du marché, justice et denrées ; Aix ne vit-il pas de toutes les deux? La tourbe écolière laisse, alors, après elle le grand horloge de l'Hôtel de Ville et son jacquemart trimestriel , emblème des saisons. Elle passe devant la bouquetière, la seule bouquetière d'Aix. Là on commence à se diviser , quelques-uns par la rue des Cordeliers , un plus grand nombre par la rue tortueuse de l'Official. La masse , celle qui se rend vers les beaux quartiers du Cours , s'alonge dans la rue des marchands , entre une double haie de pièces de drap et de spirituels commis de boutique , dont la facétie périodique consiste à paver d'attrapes appelées *poissons d'avril* , le devant de leurs magasins.

Dans ce moment le déjeûner sonne partout, et je ne sais pas d'ouïe plus fine que celle d'un estomac d'étudiant.

L'étudiant, d'ordinaire, n'a point sa table chez lui. Quelques-uns, mais fort peu trouvent place à des tables bourgeoises : c'est une adoption au prix de 60 ou 80 francs par mois. Mais ce n'est qu'une exception pour des jeunes gens élevés dans du coton et que les recommandations maternelles ont emmailloté de tout cet entourage de soins. Quelques autres sont les sybarites de l'école. Ils donnent déjà dans l'aristocratie de la gueule. Ils se sont ouvert accès dans le sanctuaire de la succulente cuisine à la *Mule Noire*. Ils habitent des appartemens choisis et pour eux seuls. Ceux-là font la cour en gants glacés et tiennent à la mise élégante. C'est la vie distinguée et fashionable. Parmi eux il s'en trouve toujours quelqu'un admis, grâces à la particule nobiliaire dans les salons de l'ancienne cour du roi René. Mais on peut dire que ceux-là, surtout, frayent peu avec leurs camarades, et que même ils se croyent obligés de rapporter des fauteuils antiques où ils vont s'assoir, cette morgue dédaigneuse qui jure tant avec leur âge !

L'étudiant qui, un jour, sera notaire, procureur, avocat, enfin quelque chose d'agissant dans le monde, l'étudiant ordinaire n'est pas là. Au nombre de ces maisons spacieuses, il en est qui se sont faites roturières. Même si l'on prêtait l'oreille, la nuit, on les croirait habitées par des lutins. Là, de grandes chambres se succèdent, s'enchassent les unes dans les autres, garnies de quelques chaises, d'une petite table et d'immenses baldaquins à rideaux de lourde soie, pour rechauffer l'atmosphère du lit. Dans cette enfilade de chambres, à toute heure du jour et de la nuit, la circulation est de droit commun. Malheur à qui voudrait résister aux sommations ; la porte serait bien vite attaquée à coups de chenets et de pinces, et l'assiégé saccagé dans son lit. Le travail est, cependant, respecté, mais pris avec mesure et sans abus. Enfin, à l'heure de l'appel, le silence est complet dans ces demeures ; c'est alors que les servantes se hâtent de réparer les désordres de meubles, les travaux de siége que le champ de bataille de la soirée dernière leur a laissés. Mais, je vous le répète, ce sont des maisons faites pour des Gnomes ; on n'y mange pas.

La table de l'étudiant est donc au dehors. Ce sont des restaurans-pensions, échelonnés le long de la rue d'Italie, où par abonnement, il vient assouvir son appétit famélique et son besoin de tapageur bavardage...... Oh ! c'est là qu'il faut dire : tant pis pour les retardataires ! A l'université encore, même après l'appel, on peut obtenir de faire effacer son point, ou bien un bon camarade répond pour vous ; mais, à la pension, le remède serait pire que le mal.... à la pension, malheur aux absens !

Le matin dont je parlais tantôt, nous entrions, Félicien Duverger et moi, à la pension que nous avions adoptée, et nous venions avec nos camarades, commensaux d'habitude, de suspendre au mur nos chapeaux. Un seul convive manquait.

Nous avions là Emile d'Alleins, étudiant de seconde année, aujourd'hui juge d'instruction dans une petite ville du ressort. Mais, alors, beaucoup moins avide de droit criminel, que des plaisirs de la vie d'école, il n'était pas encore un magistrat terrible. Seulement si l'on eût bien observé son caractère, on eût démêlé déjà ce plaisir des investigations qui décida sa vocation plus tard. Il faut dire aussi qu'il était stimulé dans ce goût par une très-causeuse jeune marchande de cols et de gants, notre voisine de demeure, près la place de la Miséricorde. On tenait chez elle magasin de nouveautés et bureau de nouvelles. Et soit que Mademoiselle Constance distinguât les qualités fort aimables de d'Alleins, soit que celui-ci, avec au moins autant de raison, fût heureux de graviter autour de cette petite, joliette et maligne personne, ils aimaient à deviser ensemble sur toutes les choses circonvoisines. Emile sans doute préludait ainsi à ses graves fonctions ; tant il est vrai que rien n'est à dédaigner dans la vie, et que si tous les magistrats commençaient par excercer la sagacité de leur esprit avec de jeunes filles un peu avisées, ils en seraient plus tard beaucoup meilleurs juges d'instruction.

Le second de nos convives était Adolphe Dupuis, étudiant de mon année. Intelligent, sérieux et dévoué, ni son cœur, ni la solidité de son esprit ne se sont démentis ; c'était un camarade serviable, et c'est toujours un ami sûr. Il est aujourd'hui établi dans sa ville natale où il remplit avec distinction le sacerdoce du notariat.

Edmond Chevrier, enfin, le flegmatique Edmond, long de taille, lourd de parole et facétieux pourtant ; il devait devenir un jour l'un des premiers avocats du barreau Marseillais.

Quant à Félicien, il ne faudrait pas le prendre d'après ce que j'ai rapporté de ses goûts d'étude pour un *piocheur* proprement dit, ou pour un reclus ; il aimait, au contraire, et plus que beaucoup d'autres, les folies de son âge ; il ne fuyait ni le spectacle, ni le café, ni les joyeuses réunions, mais il savait donner un temps d'arrêt à ses élans de jeunesse et passait aux choses sérieuses avec autant de simplicité que de bonne humeur.

Le matin même, il venait de courir tous les groupes à la sortie du cours, il ne m'avait rejoint que près de la pension.

— Si Larivière n'arrive pas, dit Edmond Chevrier en déroulant sa serviette, il aura tort !

— Mais où diable se tient-il donc ce hibou de Larivière, reprit Adolphe Dupuis ; hier je lui dis que nous avions un punch. Il s'excusa sur ce qu'il était forcé d'aller chez le procureur-général ; et moi bonne âme, de le croire et d'y courir. Ah ! oui ! de Larivière, point ! il est cause que j'ai fait jusqu'à onze heures l'écarté à deux sous avec Madame la présidente et Mesdames les conseillères : peut-on jouer un tour pareil. ?

— Messieurs, interrompit d'Alleins, il y a de fameuses nouvelles ; si vous saviez ce qui se passait, ce matin, à quatre heures devant la maison de Pauline ! imaginez-vous que Mlle. Constance, vous pouvez le lui demander, je sors de chez elle, a vu ce matin un individu à manteau.... Elle s'était levée de grand matin pour un travail forcé, comme elle entr'ouvrait sa croisée, elle a très-bien aperçu le manteau qui se tapissait contre la porte ; et même elle croit l'avoir vu disparaître. A vous Messieurs, les commentaires.

— Quoi donc un manteau ! s'écria Félicien, mais je puis vous aider, Messieurs, hier en montant au théâtre, j'aperçus un individu tout enveloppé qui à mesure que je m'approchais, hâtait le pas. Je n'y fis pas grande attention, mais lorsque je rentrai, il était encore là. Pour le coup ça devenait suspect. Je le suis, il tourne à gauche, je le suis toujours, il tourne encore du même côté, oh ! pour le coup il était enfoncé : deux fois à gauche, c'était un amateur qui fesait le tour de l'île. J'ai feint de m'éloigner, mais tout doucement, je suis revenu à sa rencontre et je me suis arrangé pour le reconnaître. Je ne l'ai pas trouvé au cours ce matin, mais patience !

— Il était donc là depuis huit heures jusqu'à minuit, dit posément Edmond Chevrier.

— Mais de minuit à quatre heures ! reprit Félicien ?

— C'est vrai ! de minuit à quatre heures.... répétèrent-ils tous, en s'arrêtant pour interpréter la lacune. Dans ce moment La Rivière entrait... voyant qu'on n'avait pas l'air de l'avoir entendu, il alla accrocher son manteau d'assez mauvaise humeur et prit la place vide.

La Rivière était ancien à l'école ; il avait toutes ses inscriptions et aurait dû finir l'année précédente, mais paresse ou calcul, il était en arrière d'un examen et de sa thèse qu'il ne se pressait pas de passer. Il était créole, riche, et sans la recommandation de son oncle au procureur-général, il eût été absolument indépendant.

A peine était-il assis que Dupuis commença :

— Tu as manqué un fameux punch, mon cher ! et cela pour la mauvaise soirée de parquet ! quant à moi, il y a long-temps qu'on ne m'y reprend plus.

— Que veux-tu? mon oncle écrit au procureur-général, il lui demande toujours de moi : c'était forcé.

— Et combien de sous as-tu gagné à ce ruineux écarté?

— Je ne sais trop, c'était assomant ! à ces mots, des éclats de rire partis de toute la table avertirent trop tard Larivière qu'il venait de donner dans un panneau.

— Ah ! c'était assomant, reprit Adophe Dupuis ! et pour ceux qui pour venir au secours d'un ami, se dévouent à trois heures de corvée, et qui pendant trois heures jouent leurs sous sans le voir paraître, pour ceux-là ce n'était pas assomant !

Larivière était pris; mais l'amour-propre et la certitude de n'être pas découvert lui firent faire volte-face.

— Eh ! bien ! au fait, si j'avais un rendez-vous ?

Ce mot les interdit tous; car rien ne déconcerte plus que de s'entendre donner pour raison la chose même que l'on voulait découvrir. Mais les gaillards sentaient trop leurs avantages, pour en rester là.

— Messieurs, Larivière s'amuse, s'écria Félicien ! moi je dis qu'il n'a pas eu de rendez-vous, et qu'il travaille à sa thèse.... mon cher, tu t'abimeras, si tu prends les choses ainsi ?

— Riez, Messieurs, riez, mais ici j'en sais plus d'un qui aurait bien voulu être à ma place.

— Eh ! bien, quand on est si heureux, on doit être bon prince. Rien que ceci, Larivière : dis-nous combien a duré ton rendez-vous ?

— Combien il a duré ?.... Léonce allait hardiment s'avancer, quand le souvenir du piège dans lequel il venait de mettre le pied, l'arrêta.

— Pas si vite, Messieurs, cherchez si voulez, je ne vous en empêche pas, mais le compte de mes heures n'est que pour moi, je vous le répète, cherchez.... et il affectait un ricanement de bonne humeur, tout en se dépêchant de reprendre l'avance que cinq minutes de table nous donnaient sur lui.

— Cherchons donc, dîmes-nous tous.

— Messieurs, reprit encore Félicien, moi je soutiens que Larivière se donne les airs de bonne fortune, et qu'il n'en a pas. La preuve, c'est que Carle m'a dit qu'il lui avait vu gagner trois poules sur cinq, hier soir chez Magloire. Qu'as-tu à répondre à ça, blagueur ?

— Moi chez Magloire, hier ! eh ! bien pour vous prouver que Duverger ne dit pas un mot de vrai, j'offre de parier (ceci n'a rien de commun avec mon rendez-vous que vous ne saurez pas) je lui parie un déjeûner pour tous que de tout hier je n'ai pas mis le pied dans un billard,

— Parole d'honneur ?

— Parole d'honneur ! tiens-tu le pari ?

Félicien ne répondit pas; mais, quittant sa chaise d'un saut léger, il courut au manteau de Léonce, en entrouvrit les plis avec précipitation , et se retournant vers la table avec une exclamation de joie :

— Nous y voilà, Messieurs ! vous l'avez entendu; Larivière vous dit n'avoir pas mis depuis deux jours le pied dans un billard : il le soutient bien , n'est-ce pas ?

— Pardieu, si je le soutiens ! je me tue à le répéter.

— Dans ce cas, Messieurs, voyez cette estafilade de bleu !

Et, en même temps , il déployait un pan du manteau, où se trouvait une longue et vive raie de craie bleue à procédé.

On ne comprenait pas encore où il voulait en venir, et Larivière triomphait presque :

— Fameuse la preuve ! une raie bleue , qu'est-ce que ça prouve ? à la question, mon cher , paries-tu ?

— Oh ! oh ! à la question! la question, Monsieur Léonce Larivière , n'est pas de savoir si vous avez joué au billard hier soir , mais de savoir où vous avez été ? et puis que vous n'avez pas été au billard , ce n'est pas là que vous aurez pris ce bleu. Un instant , s'il te plaît ! hier soir , vers minuit , n'étais-tu pas au coin de la rue St.-Esprit, et n'as-tu pas senti quelqu'un qui passant près de toi a frotté rapidement ton manteau ?

Larivière écoutait avec anxiété , mais, Félicien poursuivant :

— Voici le morceau de bleu que je lui ai passé sur le coude.. Cherchez, ajoutait-il , en contrefaisant son camarade , mes heures sont à moi, vous pouvez chercher. . . . . Eh ! bien te voilà pris !

— Quoi donc, s'exclamèrent-ils tous, c'est le fameux manteau !

— Et à huit heures , aussi , tu étais en bonne fortune, demanda Edmond?

— Et à minuit, ajouta Chevrier ?

— Et à quatre heures du matin, ajouta d'Alleins ?

— Ah ! farceur ! reprit Félicien, et c'est à l'une de ces heures que nous aurions voulu être à ta place !

— Sais-tu , dit d'Alleins, que tu dois être bien fatigué: voilà aussi pourquoi tu disais tantôt de si bon cœur que c'était assomant.

— Assez, assez Messieurs, dit Chevrier d'un air grave, parlons raison : il reste une question bien importante à discuter, et puisque Larivière nous a invités à chercher, nous allons en bons camarades le faire devant lui. Il verra si nous frappons juste. Je demande , donc, qu'on agite la question de savoir, si de minuit à quatre heures, Larivière est entré ou n'est pas entré dans la maison.

— Adopté, adopté !

Le pauvre Larivière tenait mal sur sa chaise ; mais il se l'était attiré. Il avait provoqué la table, et la table ripostait. Il tacha, donc, de faire bonne contenance, et, affectant un sourire de suffisance, il croisa les bras et se mit à les considérer avec un regard qui affectait de dire qu'il en savait plus qu'eux.

— De huit heures du soir à quatre heures du matin, il y a huit heures de marche, dit d'Alleins, c'est trop fort il faut qu'il soit entré.

— Mais s'il est entré, repartit Félicien, il est donc ressorti pour prendre le frais à minuit ?

— Mais c'est qu'il n'était, peut-être, pas encore entré à minuit ; il n'aura été introduit que plus tard, repondit d'Alleins.

— Mais, alors, dit à son tour Edmond, on ne commence pas à huit heures !... quand on est admis, c'est qu'on a un rendez-vous convenu, et, entre gens qui s'entendent, on ne se trompe pas de quatre heures !

— Mais, mon cher, reprit d'Alleins, j'admettrais bien que sans rendez-vous, on passe toute une soirée à épier l'occasion d'une rencontre ; mais la nuit entière, mon cher, lorsque tout le monde dort, que diable voulez-vous qu'il fît ? et s'il fesait chaud, encor.

— L'amour est un brasier, reprit Félicien : et d'ailleurs savez-vous qu'il était joliment bien fourré dans son manteau, le drap jusqu'aux yeux ? Beau castillan, il me semble te voir encore.

— Messieurs, Messieurs, nous sortons de la question, interrompit Emile Chevrier, notre judicieux président. Il est impossible de rien éclaircir, si nous allons de la sorte. De la méthode, de l'ordre dans la discussion, ou bien ce sera lui qui rira ! chacun à son tour et avec dignité : il s'agit d'une jolie fille et d'un cavalier de bonne mine ; à toi, Félicien, et nous ferons le tour.

Le déjeuner finissait ; on tordit les serviettes, la bouteille fit son dernier tour de table, et la délibération commença.

Larivière impassible soutenait son rôle le mieux possible.

— Moi, dit Félicien, je n'examinerai pas si le jarret de Léonce peut tenir huit heures ; il ne faut pas rire de l'amour, Messieurs, car vouloir c'est pouvoir, et, avec un amour bien tenace, bien décidé, il y aurait de quoi vous lasser, vous dépister et vous enfoncer tous.... car, enfin, qu'est ce que huit heures de faction ! cela se fait tous les jours pour son pays. Mais il y a une chose qui me frappe : d'Alleins vient de nous dire que Mlle. Constance avait vu le manteau devant la porte à quatre heures du matin: eh bien ! Mlle. Constance est trop véridique, elle sait trop la portée des choses pour que, si elle avait vu le moins du monde au manteau l'air de sortir, elle ne se fût pas fait un scrupule de le dire; et cependant pas un mot. Elle rappelle, seulement, qu'elle a été surprise de voir un manteau se tapir contre la porte et disparaître quand elle s'est mise à la croisée. Or, s'il était sorti, il ne se fût pas arrêté : il était arrêté, donc il ne sortait pas et s'il ne sortait pas, il n'était pas entré; j'ai dit.

— Moi, je l'avoue, dit d'Alleins, je suis au moins incertain : *ratio dubitandi*, comme dit *Titius*, c'est que l'oncle Deigary, s'il n'est pas fin, est, sans s'en douter, un fameux chien de garde : vous savez sa manie de mécanique; il l'applique à tout, aux portes, aux loquets, aux serrures. Cet homme n'est heureux que lorsqu'il a établi quelque détente à sonnerie pour l'avertir des choses les plus insignifiantes; par exemple, si la girouette de son toit a tourné, si le soir on entre dans la dépense aux provisions, si la porte de la rue s'ouvre. Voilà que dernièrement il a trouvé des dégâts dans l'office, et Mlle. Constance me disait qu'il veille pour faire la chasse aux rats... il a imaginé un ressort qui doit, en même temps, les prendre et carillonner pour annoncer la capture. Depuis lors, il est toute la nuit sur pied, le cou tendu. Il serait donc bien difficile de s'aventurer là, et cela justifierait Larivière de ses promenades ; car, enfin, une nuit blanche pour la plus jolie fille d'Aix, en vaut bien une passée, à genoux, sans feu ni lumière, à écouter le ressort d'un piége tendu aux souris. Ensuite vous savez comment est Pauline dans cette maison ; elle est indépendante, c'est vrai, mais elle n'en est pas moins en surveillance; on l'a faite l'accolyte obligée de Mlle. Agathe, qui malgré sa jambe inégale et son bec de lièvre assez bien raccommodé par M. Jacquemin, prend très-volontiers pour elle les œillades données à sa compagne. Et aussi la tante Deigary, oh ! la tante Deigary, cet argus toujours en vedette, cette énorme et inamovible sentinelle du cœur de sa nièce, que personne ne menace... il y a de quoi douter; mais, enfin, *ratio decidendi* c'est que depuis huit mois Larivière est en mouvement, il la poursuit, il lui a brûlé plus de cent francs de serpenteaux, il l'aborde, on lui a vu glisser des billets dans sa corbeille. Oh ! dis que non, peut-être ? notre ami est ardent; très-bien, physiquement parlant ; jugez en plutôt, quoiqu'en ce moment, notre discussion le fasse grimacer. Eh bien ! je vous demande si à l'heure qu'il est, il est possible

3

qu'il ne sache pas encore à quoi s'en tenir, et qu'il lui faille consulter les astres sur sa bonne fortune depuis huit heures du soir jusqu'à quatre heures du matin ?...

C'était mon tour : pour moi ces inductions ne m'allaient pas :

— Il n'est pas besoin des astres pour juger Larivière, dis-je , j'en suis fâché pour sa gloire ; moi je crois que s'il était heureux, il ne se trémousserait pas tant, il ne manquerait pas ses déjeuners, comme tantôt, pour chercher des rencontres, lorsqu'il aurait eu toute la nuit pour les concerter. Quant à la promenade nocturne , il est vrai qu'elle est un peu longue...

— Une idée, interrompit Félicien, une idée lumineuse et qui éclaircit tout ! cette controverse finit par faire souffrir.... nous gâchons tous , Messieurs , et jamais nous ne sortirons de ces huit heures : il n'y a qu'un moyen, c'est d'admettre que Léonce avait trois rendez-vous : un avec Pauline à huit heures, un avec Mlle. Agathe à minuit , un avec la respectable Mme. Deigary à quatre heures, et qu'il les a manqués tous. Je demande donc une enquête sur Mme. Deigary et sa charmante nièce, dans leurs rapports avec M. Léonce Larivière prévenu de séduction...

A ces mots, la table fit explosion ; les serviettes nouées volèrent dans le visage de l'extravagant jeune homme ; Larivière, que cet incident tirait de peine , affecta de beaucoup rire ; et l'on se sépara , mais non sans se promettre de faire bonne garde autour de la maison près de laquelle rodaient de si mystérieuses apparences de rendez-vous.

C'est qu'aussi Pauline, était une bien gracieuse créature ! elle était descendue, il y avait bientôt deux ans, d'une petite ville du versant des Alpes, avec son simple bonnet de la montagne et sa jolie figure virginale. Elle avait été recommandée par sa famille , aux bonnes gens dont on vient de parler. Elle n'était qu'ouvrière et vivait de son travail ; l'espoir de ses parens était de la ravoir un jour , lorsqu'elle se serait formée aux ouvrages de dentelles, de linge et de broderie, et de lui faire , dans le pays , une petite industrie qui aiderait leurs besoins. Pauline travaillait donc, mais chez elle , et, le plus souvent, avec Mlle. Agathe, qui ne la quittait pas ; et la pauvre disgraciée avait bien raison : L'enjouement de Pauline fesait la seule distraction de cette maussade demeure.

Pauline n'était ni prétentieuse, ni parée. Ses cheveux, partagés en bandeaux sous son modeste bonnet, et descendant en une seule boucle bien longue qui flottait derrière l'oreille, étaient sa seule coquetterie. Mais, dans sa démarche et surtout dans le regard qui animait cette délicieuse figure, il y avait une modestie, une expression si doucement caressante , qu'on s'y suspendait avec un indicible émotion. Depuis deux ans que je la voyais, elle avait éveillé bien des amours, attiré sur ses pas bien des poursuites, excité, malheureusement aussi, bien des jalousies ; et pourtant, dans une ville où l'on savait si bien toute chose, où l'on était si prompt à tout dire, on n'avait jamais rien pu citer qui fit douter de sa sagesse. Les obsessions de l'infatigable Larivière, passionné autant que capable de ne reculer devant aucun obstacle, l'attestaient, à mon sens, mieux que rien autre. Car c'était partout qu'on le voyait depuis huit mois sur ses traces, elle toujours réservée, et éludant, sans pruderie, les rencontres auxquelles il s'obstinait. Il avait fallu ce perfide cancan de voisine, le défi de Larivière et l'entraînement d'une joyeuse conversation de table, pour faire agiter aussi légèrement la question de son rendez-vous. Mais, jusques dans les folies de ces jeunes gens, il perçait une sorte d'ascendant de sa bonne renommée, et , quand j'en avais exprimé mon sentiment, j'avais aussitôt compris le mouvement, moitié cœur et moitié burlesque, qui avait porté mon jeune Félicien, le grand instigateur de tout le tapage, à se jeter à la traverse pour coupe r court à cet injuste débat.

J'ai souvent regardé le charmant Blason qui décorait la modeste fenêtre de Pauline : un usage immémorial à Aix veut qu'à la St.–Jean, du moment que la nuit est descendue, ces rues muettes se remplissent d'éclats, précédés de rapides lueurs qmi se croisent en mille sens. La ville entre en feu. D'énormes et vagabonds serpenteaux, lancés par des centaines de mains, circulent dans la foule qui s'ouvre et se referme, parcourent les façades, sont ramassés et relancés en feu par d'autres mains ; ils assaillent les croisées, et, s'ils tombent dans quelque fontaine Sextienne, ils y mugissent encore, et, de leur explosion rauque, rejettent une pluie d'eau loin de ses bords. Ce jeu dangereux, mais attrayant par ses énivremens de feu et de poudre, ce jeu va bien à l'étudiant. Ce sont des combats et des siéges. La foule masculine, car elle seule peut affronter la rue, est alors dans un étrange costume de bataille : leurs habits boutonnés au corps, la botte sur le pantalon, la casquette enfoncée sur le front, un sac de munitions dans l'une de leurs mains gantées, une mêche de corde dans l'autre, ils courent la ville resplendissante et retentissante de feux. Gare à qui s'aventure, car l'incendie est à l'ordre de la nuit. Les curieuses choses que j'ai vues là ! j'ai vu un imprudent abbé de St.–Sauveur, qui sans doute se croyait dans une ville ordinaire et qui dût se croire tout-à-coup au sabbat, recevoir sous sa soutane un irrespectueux serpenteau qui le suivait emprisonné dans la bure sacerdotale, et éclairait le fugitif ministre comme un falot. J'ai vu l'armée française, oui, cette armée française qui reçoit sans sourciller l'obus et la fusée à la congrève, je l'ai vue, pressée par les fenx, abandonner la place au cri de *sauve qui peut*. Oh ! ce fut un spectacle mémorable ! ils étaient là, devant les cafés du Cours, tous les officiers de deux batteries d'artillerie, qui allaient à Toulon s'embarquer pour Cadix ; ils avaient compté sur une simple soirée, et, assis au dehors sur des tabourets, ils s'apprêtaient, en groupes, à respirer la fraîcheur du soir. Leur repos ne dura guère. Quelques projectiles étaient venus éclater près deux ; ils n'y avaient pris garde. Les feux avaient redoublé ; ils avaient ri. L'assaut était devenu général pour les déloger de leurs siéges et ils applaudissaient, appelant avec l'hilarité de leur face guerrière, le redoublement d'agression qui les environnait d'éclairs et de fumée....... Oh ! mais c'est que cela devint non plus un siège, mais une éruption : la poudre brûlait la paille de leurs chaises, elle vagabondait dans leurs jambes, fesait voler en l'air leurs bonnets de police, éclatait jusque dans leurs moustaches... Le dirai-je ? La martiale phalange finit par se débander au milieu d'un immense rire de jeunesse ; les tabourets embrasés coururent par dessus les têtes, et nos guerriers, heureux de respirer un peu de guerre, se pressèrent aux boutiques de munition, pour se répandre, eux aussi, sur les théâtres du combat.

Mais ce qui me plaît le plus de ces innocentes batailles, c'est que là aussi il y a de l'amour. Ne croyez pas au moins à tous ces serpenteaux une mission banale de tapage. Ils sont messagers d'hommages et intelligens messagers. Si vous savez quelque croisée où se montre une personne aimée, lancez, assaillez, incendiez s'il est possible. Derrière quelque persienne, il y aura quelqu'un qui vous en saura gré. Car tous ces feux sont des témoignages d'adoration ; c'est ainsi que, de tous côtés, on voit les fenêtres assiégées; c'est quelquefois un bonheur pour celle qui en est l'objet. Eh bien! c'était là ce blason de jolie fille qui marquait la haute croisée de Pauline. Des milliers de traits noirs sillonnaient le mur dont s'encadrait sa fenêtre. Croisées en tous sens, ces traces de feux décrivaient tantôt des lignes aiguës, tantôt des courbes légères, tantôt de fumeuses empreintes d'explosion. J'aimais à y porter les yeux, car il est de ces demeures qui ressemblent à toutes les autres, et dout les murs cependant, avec leurs traces parlantes, vous font arrêter pour vous recueillir. A Paris aussi je contemplais il y a quelques mois cette maison de juillet toute constellée de balles, qui présente son angle encore meurtri, non loin de l'insurrectionnelle place du Palais-Royal. Mon œil s'y fixait et recomposait tout le combat;

mais, s'il y avait de la gloire, il y avait du deuil dans ce souvenir, il y avait trop de douleur et d'angoisse autour de cette demeure !.... tenez, si j'avais à choisir de revoir l'une ou de revoir l'autre, oh ! je préférerais revoir cette simple croisée de petite ville, où la poudre n'a tracé que de l'amour, et qui vous fait dire encore, avec ces marques dont bien des années n'ont point effacé l'empreinte : *une bien jolie fille devait habiter là !*

La conversation de table que je viens de rapporter était, depuis plusieurs jours, passée, et tout dans nos habitudes continuait à suivre les mêmes intermittences de folâtrerie et de travail, lorsque, nous promenant, aux derniers rayons du jour le long des saules bourgeonnans qui baignaient leurs pieds dans l'Arc :

— Oh ! mon cher, me dit Félicien, en interrompant un entretien d'études, il faut que je vous conte une délicieuse chose qui m'est arrivée, tantôt, après midi. Au fait ce n'est rien du tout, ou presque rien, et vous comprendrez que je n'ai pas le ridicule d'y attacher la moindre importance ; et pourtant je ne donnerais pas cet instant là pour beaucoup. Imaginez-vous que j'étais à travailler près de ma fenêtre, à notre titre *de legatis.* J'entends une fraîche voix qui causait tout au-dessous, je me penche et je vois la jolie Pauline, les deux mains aux barreaux de fer de la fenêtre de la grande salle, conversant avec notre vieille Marianne, placée en dedans. Cette fille me plaît. Une idée m'a pris de lui faire un badinage. Je cherche... j'avais là de ces belles violettes que nous avions cueillies, ce matin, au ruisseau *des premières eaux* ; j'en ai pris une et l'ai laissé tomber tout juste sur son visage. Je n'ai pas vu son geste, car je m'étais bien vite retiré ; mais j'ai entendu rire, et, regardant quelques secondes après, j'ai vu la violette dans sa gentille main. Ma foi, je suis devenu audacieux. Cette fois j'ai pris une touffe, et je lui en ai fait une pluie sur son bonnet, sur son corsage, sur son front, et je ne me suis pas retiré. La gracieuse chose, mon ami ! le rire a redoublé, elle s'est baissée ; ramassant ses fleurs éparpillées, et, de temps en temps, elle relevait en haut ses jolis yeux bleus avec un sourire. Elle a refait son bouquet et l'a placé dans son fichu.... oh ! c'était charmant. Mais revenons au sérieux, mon austère ami. Nous en étions, je crois, au paragraphe 2 *quibus legari queat ?....* et nous reprîmes notre entretien de droit romain sur le *jus accrescendi,* et sur le mode et l'échéance des legs.

§

La rue du St.-Esprit, à Aix, a trois caractères différens : elle est marchande, aristocratique et bourgeoise : placée sur les limites où finit le quartier populeux, elle semble la transition de l'étroite industrie mercantile qui
anime quelques rues d'Aix, au calme, au silence de bonne compagnie
qu'exhale cette autre partie de la ville où la noblesse boude dans de mélancoliques hôtels. Cette rue du St.-Esprit participe donc aux trois aspects
exprimés par une ville de petits marchands, de petits bourgeois, de petits
nobles ; si elle est forcée d'étaler, dans le voisinage de la rue Saint-Hono-
rat, quelques boutiques de fil, de comestibles, de cordonniers ; elle
prend, au milieu, une physionomie décente et noble, et se fait ensuite
rentière, modeste, mais toujours digne, quand elle arrive près de l'église
dont elle reçoit son nom. Au centre, c'est donc une rue tout-à-fait *comme*
il faut. Elle nous montre d'abord son hôtel d'Eguille, ancienne résidence
de la famille d'Argens, avec sa cour pavée d'herbes ; et puis, en face d'une
place circulaire et rétirée, l'hôtel d'Albertas, un des plus beaux de la ville.

Chacun de ces hôtels a une histoire qui serait trop longue à raconter ;
celui d'Eguille rappelle bien des choses curieuses. Son dernier [hôte a
été ce célèbre marquis d'Argens qui entra dans la ligue encyclopédique,
et fut membre de l'académie de Berlin. Frédéric le Grand l'admit dans son
intimité, et lui fit ériger à Aix un tombeau dont il écrivit lui-même l'épi-
taphe. Le marquis d'Argens a composé des mémoires où nous lisons la vie
passablement scandaleuse que les jeunes nobles d'Aix menaient, sous la régence. C'était l'époque brillante des filles d'opéra. Aix, grâce au jeune
d'Argens, a ses scandales de coulisse ; il reproduit sur une petite scène,
les aventures de Paris et de Versailles. Comme de raison, la chanteuse
que le marquis d'Argens poursuit se nomme Sylvie ; toutes les filles d'o-
péra s'appelaient alors Sylvie. Cette Sylvie est un prodige de beauté et de
retenue ; le jeune d'Argens a beau se cacher dans la loge de l'actrice, dans
sa ruelle ; mettre la tante dans ses intérêts, séduire la cameriste, glisser
dans le mouchoir de la belle Arsène oublié sur une chaise, un billet ambré

qui se nommait, à cette époque de fadaises galantes , *un poulet*; le marquis ne peut rien obtenir ; Sylvie se renferme dans une majestueuse pruderie. Aix , ses rues, ses hôtels s'animent sous la plume de *l'Auteur des Mémoires*. L'intrigue savante , le siége en règle de la vertu de Sylvie y répandent je ne sais quel air de vie licencieuse , de régence , de pompadour, qui finit par attacher vivement ; on suit le jeune d'Argens dans la rue qui mène au théâtre ; on le voit , le soir , blotti près d'une porte pour s'élancer dans une chambre, et on le surprend , avec le costume, le ton , les manières d'un héros des contes de Marmontel , fondre en larmes, déployer toutes les ressources de sa rhétorique, aux pieds de l'inexorable chanteuse , au moment que, debout devant la glace de sa loge, elle mettait son dernier ruban dans ses cheveux poudrés.

L'histoire de ces amours devient sérieuse : Sylvie se décide enfin à aimer le jeune d'Argens ; celui-ci veut l'épouser ; il la conduit en Espagne et la place dans un couvent. Enfin , quand il croit toucher au moment de contracter cette union désirée , il est saisi par ordre de son père , ramené en France, entre quatre archers ; et Sylvie , séparée pour jamais de lui, prend le voile.

C'est à l'hôtel d'Eguille , maintenant abandonné, qu'Aix se donne parfois le divertissement d'un concert. Ces sortes de réunions sont parfaitement ennuyeuses , à Aix comme dans toutes les petites villes. De tous les concerts qui ont fait résonner les plafonds solitaires de l'hôtel d'Argens, le seul qui ait amusé les auditeurs est celui dans lequel un chanteur excentrique figura au milieu des trépignemens d'une folle gaîté.

En Provence, chaque ville, chaque village a un de ces êtres qui remplissent ici bas l'héroïque mission d'exciter la gaîté populaire, sans se douter du rôle auquel la nature les a condamnés. Pour les désigner, on a inventé dans notre pays un terme énergique et introduisible en français ; on les appelle des *fadas*. Le fada n'est ni complètement fou, ni absolument imbécille ; il y a même en lui quelque chose d'artiste et d'inspiré ; le plus souvent il aime la musique, cultive la poésie, et se connaît même en astronomie ; doué d'une délicatesse nerveuse extrême, il reçoit des impressions vives , mais il ne peut les transmettre au dehors que d'une manière bien imparfaite et bien grotesque, parce que son cerveau logé à l'étroit dans une tête mal faite ne fonctionne qu'avec difficulté. De là d'étranges anomalies : le *fada* poète par ses gouts instinctifs , ne dépasse jamais les balbutiemens de toutes choses en fait d'art, il semble toujours que la bave idiote de l'enfance coule sur les vers de quatorze pieds qu'il récite, ou sur les chants burlesques qu'il entonne. L'incertitude du regard·, la mollesse morbide des joues, la lenteur des mouvemens de la tête, annoncent le travail lent et difficile d'une pensée incomplète: pourtant il y a une différence assez marquée entre les *fadas* des villages et ceux des villes.

Vous arrivez près d'un de ces bourgs de Provence que blanchissent les grandes routes, ou bien qui se suspendent sur des éminences, ou s'enfoncent dans des creux de vallon ; à l'entrée même du village , un être d'une vingtaine d'années , appuyé contre un mur, vous regarde passer en arrêtant sur vous ses yeux hébetés ; un chapeau blanc déformé, sans bords, but éternel des tours malicieux des enfans , danse sur un front étroit que ·recouvrent des mèches de cheveux noirs, luisantes et aplaties ; un perpétuel balancement fait osciller sa tête d'une épaule à l'autre ; les manches d'une chemise sale et noire dépassent celles d'une veste dont des pièces d'une couleur bigarrée ont réparé, tant bien que mal, les trous nombreux; son pantalon étale d'ordinaire, aux endroits où le frottement agit avec le plus d'énergie, d'énormes rapiéçages qui tranchent aussi, par la couleur, avec le reste du vêtement ; des souliers blancs dont la peau primitive a disparu sous une vingtaine de couches postérieurement superposées, tiennent à peine par des ficelles à ses pieds dont jamais l'eau du ruisseau voisin ne s'est approchée. Cet être là est le *fada* de village. Le nom de famille et le nom de baptême ont disparu sous une appellation vive et résonnante : *voici le fada* crient les enfans du village ; et, quand il passe , il s'entend nommer ainsi par tout le monde.

Le *fada* ni ne pense, ni ne rit , ni ne pleure , ni ne parle , ni n'agit comme les autres ; au village, il est d'un naturel très-licencieux ; une lasciveté singulière est empreinte dans son œil , et, sans les femmes qui recommandent sans cesse de ne pas lui faire du mal, il serait vite cassé comme un jouet d'enfant. Au village encore le *fada* est à un degré très-inférieur d'abrutissement, il a un regard moitié malicieux, moitié vague , au fond duquel on croit voir luire je ne sais quel secret d'origine satanique dont ce malheureux ne vous dira jamais le mot ; et ce regard , quand il se pose sur vous , dans la solitude du chemin , vous fait involontairement tressaillir. Mais ce *fada* là est brute , ignorant de tout, et, derrière ses paroles décousues , se dévoile une triste et stupide pensée. Le *fada* des villes vaut mieux. à Marseille il est poète ou astronome , à Aix il est quelquefois musicien.

Mais je m'aperçois qu'en décrivant le *fada,* je me range à l'opinion du vulgaire et j'adopte des préjugés qu'un examen plus psychologique de ces êtres exceptionnels finit par vous faire rejeter. On n'a jamais voulu comprendre tout ce qu'il y a d'intime, de mystérieux, d'exalté et de poétique dans ces natures anormales. Le troubadour provençal, M. André par exemple, qui promène dans Aix sa renommée musicale, avec un air de bonhomie si parfait, n'est-il pas un véritable artiste, artiste par les habitudes, artiste par le sentiment de l'harmonie, artiste par les impressions si vives que les chefs-d'œuvre lyriques excitent en lui ?

Le voici au physique :

Figurez-vous une tête large dans ses parties inférieures et se terminant en pointe ; des cheveux jadis blonds, cachant à peine la peau rosée de sa nuque ; des joues qui pendent ; une face qui vous ennuie par la ténacité et l'éternelle inopportunité de son sourire ; des yeux bleus d'un homme qui a toujours l'air d'avoir été tiré à l'instant même d'un sommeil lourd ; une lenteur mécanique dans le mouvement de la tête ; quelque chose enfin de ces statuettes chinoises qui obtiennent encore à Aix l'hospitalité de bien des cheminées, et vous aurez une idée de ce célèbre mélomane.

C'est là l'écorce d'André, voilà tout ce que le vulgaire a voulu voir en lui ; mais l'observateur plus attentif interprète mieux cette somnolence de traits fatigués, cette expression vague et indéterminée du regard. M. André ne tient à la terre que par la partie corporelle de son être, ses enthousiastes qui un jour, ainsi que nous allons le raconter plus bas, le tinrent un quart d'heure suspendu en l'air avaient trouvé le mot de cette organisation singulière ; c'est constamment dans des espaces imaginaires où retentissent des mélodies sans fin, que la pensée de M. André, troubadour provençal, erre avec d'ineffables délices ; rien de ce qui l'entoure ne le touche et ne l'émeut. Aussi la bise qui souffle, la pluie qui tombe, le soleil qui brûle, le tonnerre qui gronde ne dérangent pas l'immobilité de cette physionomie frappée de ravissement et de calme, et nous gens positifs, nous ne savons pas tous les rêves dont André berce son âme et éblouit son imagination, quand nous le voyons lever sur ce qui l'environne un regard à moitié endormi. La vie d'André est une extase perpétuelle, son imagination est dans un continuel état de surexcitation ; son génie plane toujours aux régions éthérées où il recueille les notes mélodieuses dont il a brodé, avec tant de délicatesse, la trame musicale de *l'Oraison Dominicale* et de la *Salutation Angélique.*

Ce grand artiste a réellement mis en musique *notre père* et *je vous salue.* Je les lui ai entendu chanter dans le vaste salon de l'hôtel d'Eguille, et ce n'est pas là un des souvenirs les moins curieux de cet hôtel, ni un des moindres triomphes d'André. La fin de cette fête dont André fit tous les frais

4

comme chanteur et comme compositeur fut marquée par un incident singulier. La salle était comble , tous les étudians s'y étaient rendus de bonne heure et perdaient leur temps à lorgner les Dames et les Demoiselles d'Aix qui avaient leur yeux au plafond ; ils se replièrent avec plus de succès sur les grisettes. André seul sur une haute estrade, chanta son *oraison dominicale* et sa *salutation angelique.* Il finissait à peine ce dernier morceau qu'un jeune homme tenant en main une guirlande , s'approche de lui , le salue , lui passe autour du corps la guirlande , et introduit un croc qui terminait une corde, dans la ceinture d'André. La corde du croc courait dans une poulie attachée au plancher. André chante son morceau le plus pathétique ; tout entier à sa musique, il ne s'aperçoit pas que ses pieds ne touchent plus à la terre ; il était déjà arrivé au milieu de la salle en plein air , qu'il continuait à chanter avec le même sérienx , en frappant dans une de ses mains avec le rouleau qu'il tenait de l'autre. Sa position était horizontale. Parvenu au plancher , il eut un moment de trouble et d'hésitation ; il ressemblait à un de ces crocodiles empaillés que l'on suspend au plafond des cabinets d'hisoire naturelle ; mais ranimé par les applaudissemens frénétiques de l'assemblée , il demanda qu'on le descendit un peu , et quand il eût encore l'air de nager dans l'espace , il recommença d'une voix tonnante son *je vous salue Marie.*

L'admiration alors n'eut plus de bornes ; on ne savait comment la lui témoigner , mais Aix a toujours , dans ses momens d'explosion joyeuse , sa ressource des serpenteaux ; les étudians, instruits par avance de la cloture grotesque du concert , s'étaient munis d'une bonne provision de ces projectiles. D'autres s'étaient armés de ces petits instruments de fer blanc qui lancent le contraire de ce que vomissent les serpenteaux : le feu et l'eau menaçaient le troubadour suspendu. Au signal donné, tandis qu'André poussait des roulades et fesait danser des trilles chromatiques , voilà que des lozanges de feu s'élancent sur lui ; en agitant ses bras il secoue des étincelles ; l'eau ruisselle sur lui avec la flamme ; noyé , brûlé , il chante toujours ; l'eau , le feu pleuvent sur lui ; n'importe , il roucoule ses airs au milieu de l'auréole que lui forment les serpenteaux , rafraichi par l'ondée bienfaisante qui se mêle aux flammes pour les éteindre. M. André a donc fait un soir les honneurs de cet hôtel d'Eguille qui a une excellente physionomie d'un commencement du 18ᵐᵉ siècle.

Mais l'hôtel d'Albertas, à quelque pas de là, réveille des idées plus graves. Sa façade méridionale s'étend le long de la rue devant cette place circulaire dont toutes les maisons ont un air dévot et même claustral. Une haute porte

cochère s'ouvre sur une vaste allée qui conduit, droit, à une cour intérieure. Ce qu'il y a de plus remarquable dans cet hôtel est un long salon,
sombre et recueilli, où l'on se sent malgré soi transporté à deux cents ans,
dans le passé : la fin du 17ᵐᵉ siècle y palpite partout, dans les chambranles
des portes, dans les écrans des cheminées, dans les panneaux des tapis-
series, dans les formes des moindres meubles. En écartant une lourde et
massive portière, on aperçoit d'abord une lumière autre que celle qui
remplit nos salons ; je ne sais si l'ampleur et la disposition des rideaux,
la hauteur des cadres, la couleur sombre des objets, leur forme toute
antique, contribuent à donner au jour de ce salon une teinte semblable à
celle dont les hommes d'imagination colorent l'atmosphère dans laquelle les
faits d'une époque éloignée se sont passés ; mais il y a reéllement là
une teinte de rêve. Le rayon du soleil y pâlit et le jour y est terne et mat ?

C'est donc à l'impression totale de ce salon que je m'arrête. Quiconque
l'aura éprouvée involontairement, sans préparation, vous dira qu'il a cru
reculer, en y entrant, jusqu'à la régence, et que l'aspect de son frac noir,
de son chapeau rond, de son costume actuel, dans une des hautes glaces,
lui a produit l'effet d'une étrange anomalie. Il eût été moins étonné s'il eût
vu cette glace répéter sur sa tête une perruque poudrée, à son flanc une
épée et sous son bras un chapeau à trois cornes ; cela lui aurait paru plus
naturel.

Mais on éprouve surtout un sentiment triste à parcourir cette belle salle.
On sent que tout y est mort, que tous les rapports entre les objets et les
possesseurs sont brisés : ces fauteuils, ces canapés avaient été faits pour
des femmes enveloppées d'immenses et raides étoffes, pour des cavaliers
aux vestes brodées et aux habits étincelans d'or ou d'argent. La toilette
de nos dames gracieuses, mais simple et dépouillée, est dépaysée au
milieu de ces consoles élargies, de ces chaises hautes, de ces tables lourdes,
de toute cette marqueterie dorée et solide où s'égarent encore les derniers
reflets du siècle majestueux de Louis XIV. On a, alors, d'étranges rémi-
niscences, car il vous semble que vous avez réellement vécu de la vie de
ce président à Mortier, mort en 1722, et debout, là, avec son sourire,
dans un tableau ; ou de celle de cette jeune et fraîche marquise, dont
le portrait a toute la grâce d'un portrait de Watcau.

C'est tout autour de ces solennelles demeures que s'agitait la jeune vie de
mon ami ; et, je ne sais pas, mais tant de triste grandeur à côté de tant
d'animation juvénile, cette naïve existence de simple étudiant, folle,
bonne, extravagante et sérieuse, au milieu de ces hôtels sans voix et pres—

que sans maîtres , ce contraste de hasard me charmait ! et , aussi , il me
semblait que, dans Félicien, les qualités inverses qui fesaient saillie en lui
s'exaltaient et scintillaient davantage. Plus attentif et plus distrait , plus
jovial et plus passionné , plus hardi et plus timide , il était impossible de
le suivre en l'aimant , sans s'apercevoir que quelque chose en lui s'étendait et prenait empire , et que, dans cette lutte de sa nature , il appelait à son aide toutes ses facultés inverses pour se contrebalancer , se couvrir et se soulager. Qu'était-ce ? était-ce l'égarement de l'âge , ce
pétillement d'une tête incandescente qui , joyeuse de ses forces , prend
tout sans mesure , travail et liberté de plaisir ? Etait-ce l'entraînement
d'une âme long-temps retenue, qui , se livrant enfin à l'impulsion de
quelques sentimens dominateurs , cherchait à s'étourdir pour arrêter ou
plutôt pour redoubler son élan ? Je ne savais ; car rien n'était changé
dans la simple harmonie de ses habitudes ; il se rendait aux cours de l'école
avec la même assiduité ; nous suivions du même pas et même avec plus
d'énergie nos études favorites ; il jouait avec le même abandon , il vivait
en un mot de la même vie, mais il vivait davantage. Un seul indice eût pu
me guider : c'est que chez lui, de plus en plus , la pensée animée précédait
la pensée sceptique ; on voyait que le cœur était le maître et que l'imagination, folle ou moqueuse, n'était qu'un voile qui se hâtait de l'envelopper.
Et cette exubérance de vie n'isolait pas Félicien ; au contraire , il semblait
se raprocher plus fortement de moi. Marié très-jeune et déjà père alors
d'une naissante famille , mon commerce amical devait avoir je ne sais quoi
qui le reposait et lui rafraîchissait le cœur.

Je n'ai pas dit ce qu'était la chambre de Félicien : c'était une chambre comme toutes les autres, nue , vaste , entourée de chambres de camarades, à droite, à gauche, toutes enchevêtrées entr'elles, avec un accès
commun sur l'escalier. Celle de Félicien avait deux larges croisées ouvrant
sur la rue. C'est de là que ses violettes étaient tombées sur la jolie fille qui
tenait ses mains aux barreaux du salon. Ce salon était une grand'salle ,
carrée, fumeuse et meublée à l'antique ; pièce de réception et de bruyans
ébats ; salle de pas perdus , salle d'attente , salle de commérages , salle de
tapage ; où les servantes bavardaient en provençal, où les étudians contre-
faisaient l'école avec son latin du bas empire ; rendez-vous des lettres de
la poste , des cannes , des manteaux et des parapluies , loge de portier et
lieu de gymnastique ; à personne et à tout le monde ; toujours peuplée et
jamais possédée ; tabagie de la maison , forum du voisinage , espèce de
cœur, enfin, où se concentraient avec toute leur énergie les mœurs pittores-

ques de l'école de droit. La Dame de la maison ne s'y tenait pas ; veuve
depuis un grand nombre d'années , elle s'était réfugiée dans l'amour des
chats. Elle commençait , alors, son quatrième hymen. Aussi , les tours qne
ces pauvres bêtes avaient à endurer dans la grand'salle , l'en avaient-ils
depuis long-temps éloignée. Elle s'était enfuie , disons mieux , enlevée
avec ses chats successifs, vers le haut de la maison, où ils réalisaient, ensemble , le vœu de tant de cœurs sensibles : *une mansarde et beaucoup d'a-
mour.* Ce qui , toutefois, ne l'empêchait pas de descendre à toute heure, de
veiller à l'état de ses meubles , de gronder les servantes de sa voix aigre.....
Bonne femme , au reste , pleine de sollicitude , véritable *mère* de ce com-
pagnonage d'école , passée maîtresse en tisanes et sachant appliquer un
cataplasme avec la dextérité du premier servant de l'Hôtel-Dieu. J'arrivais
précisément à l'instant d'une de ces scènes héroïques qui mettaient
toute la gent féminine en émoi. La sur-intendante de la maison , la
vieille et bonne Marianne venait de briser par maladresse une vitre de la
grand'salle. Au bruit du verre en éclats, Madame Gatouneau , la
petite maigrelette femme , était descendue plus rapide que l'éclair.
Sa voix criarde poursuivait Marianne. — Une vitre de vingt-quatre sous !
maladroite ! vous n'en faites jamais d'autres ! ce que vous m'avez cassé
depuis que vous êtes ici ferait trembler. C'est cela : économisez, donnez-
vous de la peine , voyez le soin qu'elles ont ! Une vitre de vingt-quatre
sous ! et qu'est-ce que ça lui fait à elle ? ce n'est pas elle qui paie. Oh !
mais vous la paierez , Marianne , je vous promets que je vous la retiendrai
sur vos gages.

Félicien qui entrait avec moi , attiré par le tapage , s'était d'abord gaudi,
spectateur impassible de la scène ; mais , à la fin , prenant parti pour cette
pauvre Marianne interdite , il se mit hardiment du colloque. — Celle là est
drôle, Madame Gatouneau , de gronder ainsi Marianne ! et savez-vous
d'abord si c'est elle ?......

A ces mots qui déconcertèrent l'orageuse Dame , Marianne leva les yeux
vers Duverger , d'un air étonné qui semblait naïvement lui demander :
mais serait-il vrai que je ne viens pas de casser la vitre de vingt-quatre
sous ?

— Eh bien ! non , ce n'est pas elle , poursuivit Félicien ; je le sais bien ,
moi , qui étais là dehors et qui ai tout vu !

Pour le coup , Marianne resta stupéfaite ; elle croyait sans doute se réveiller d'un songe ; mais Madame Gatouneau n'en voulait pas être pour sa
vitre :

— Et qui est-ce donc, puisqu'elle était seule ?

— Ah ! vous demandez qui c'est...... vous cherchez le coupable......
Eh bien ! je vais vous le dire. Vous ne surveillez pas assez votre chat,
Madame Gatouneau. Madame Gatouneau, je ne crains pas de le dire devant
lui : Monsieur sort, Monsieur va courir ; tantôt, quand j'ai fermé la porte,
il était dans la rue, alors se voyant hors de sa maison, le coureur, il s'est
élancé contre la vitre et est rentré...... C'est un malheur, Madame Gatouneau ; mais il y a tout exprès une règle dans le droit, pour les chats qui
cassent les vitres. Quand vous rencontrerez Monsieur Bernard, demandez-
le lui : *si quadrupes pauperiem*....Ce qui signifie : quand le chat de Madame Gatouneau casse les vitres, les frais sont pour Madame Gatouneau.

Madame Gatouneau était furieuse, mais que répondre ? Félicien soutenait son dire effrontément. L'accusé n'était pas à même de se défendre ;
elle ne pouvait plus retenir à Marianne les vingt-quatre sous..... Elle prit,
en grommelant, son quatrième mari entre le bras, et regagna, sans regarder personne, sa mansarde et ses amours.

Nous étions sortis, laissant Marianne clouée par la surprise. Nous prîmes,
au hasard, le chemin des *premières eaux*.

Nous foulions, en riant, l'herbe naissante, et nous étions encore à ana-
lyser la moue de crispation de l'infortunée maîtresse du logis, quand, apercevant une bande de gazon tout étoilée de violettes blanches, foncées et ba-
riolées : – Tenez, des violettes, m'écriai-je ! Félicien, vous qui les aimez...

Je disais, pourtant, ces mots, dans une pensée bien inoffensive ; mais
le cœur se croit d'autant plus observé qu'il se connaît davantage. Félicien
tressaillit....

— Est-ce pour ma galante aventure de la fenêtre ?...... se hâta-t-il de
répondre, mais d'une voix prise au dépourvu, et qui n'avait pas eu le
temps de devenir sardonique. Aussi, sentant l'altération qui le trahissait,
laissa-t-il sa phrase inachevée, fesant effort avec la manière insouciante de
sa démarche, pour couvrir l'organe qui venait de lui faillir.

— Eh non ! mon ami, c'est que je sais que ces fleurs vous plaisent. Je n'aime pas à taquiner sur le reste.... Je suis bien sûr que vous m'en eussiez
parlé......

Félicien ne répondit pas ; il me précédait, la tête pensive ; nous con-
tinuâmes à marcher.

— Mon ami, reprit-il enfin d'un accent délibéré mais ému, vous aurez,
sans doute, raison de blâmer mon caractère ; mais, au moins, vous ne me
croirez pas dissimulé. Tenez, ne vous fiez pas à moi..... Ce n'est pas ma

faute, mais il y a quelque chose d'irrésistible, qui me fait peur de ce que je sens et qui fait mentir tout ce que je dis...... Et ce n'est pas haine, croyez-le, ce n'est pas dédain non plus. Haine pourquoi? Dédain pour qui? O mon ami, ne me croyez pas sec et insensible, ne me croyez pas soupçonneux. Je ne vous ai rien dit, mais quoi vous dire? mais à quoi bon dire? mais pourquoi fatiguer les autres de ce qu'on éprouve? Eh! oui, voilà la pensée obstinée qui me fait chercher asyle en moi seul; et alors, je suis comme un enfant qui s'est fait peureux, je tremble toujours qu'on ne m'y découvre.... et, ce n'est pas que tout ce que je vous dis là, mon cher, cache quelque grand mystère, au moins! ma vie d'école, vous la connaissez, elle n'a rien de bien épique. Mais c'est précisément ce qui m'arrête. Je vous dirais de grand cœur le plus grand secret du monde, tandis que ces riens qui pour moi seul peuvent être quelque chose, je ne sais comment leur faire un corps, pour vous les confier. Puis, ces choses se lient à des tristesses que volontiers j'éloigne. Je n'en suis pas au fatalisme, mon cher, mais, croyez-moi, je ne me sens pas heureux. Cela vous fait sourire, n'est-ce pas, en songeant à mes jeux de toutes les heures? c'est vrai; mais quand, au milieu de ces jeux, le nom d'une mère ou d'une sœur, jetés d'une certaine manière, me traversent le cœur, je n'irai pas leur dire ce que j'ai senti. De mère, mon cher, je n'en ai jamais connu; quand la mienne m'a mis au monde, je lui ai couté la vie. Je l'ai ravie à ma sœur; ma sœur, sans mère, a été confinée dans l'éducation d'un cloître; maintenant elle n'en veut plus sortir.... J'ai prié, j'ai supplié, rien n'y a fait. Ma sœur, qui m'aime de toute son âme, s'est fait, avec sa mysticité, des devoirs; elle s'est fait des devoirs par amour de moi; elle s'est persuadée qu'elle devait renoncer à sa part de notre héritage, elle s'en est attachée plus fortement à la vie religieuse, et rien ne peut l'ébranler...... Croyez-vous que je ne sente pas ce que je perds? Une mère encore, pour moi ce n'est qu'un sentiment confus, quoique je me figure que je l'eusse tendrement aimée; mais ma sœur, je la connais! Une sœur, mon ami, mais il ne peut y avoir d'amitié plus douce et plus indissoluble. Combien je l'eusse aimée et comme j'eusse partagé ses joies et ses peines! Combien elle m'eût versé de confiance et de calme dans le cœur! eh bien! elle est là, et elle m'échappe, et elle s'ensevelit pour la vie, avec cette inexorable idée que ce sera pour moi plus de bonheur!

Vous me rappeliez, tantôt, ces fleurs lancées par la fenêtre, eh bien! je vous le confesserai, je les aime, oui, j'en aime le souvenir, oui, ce simple parfum m'est resté, il me poursuit quand je respire; pourtant, mon ami, je crois que vous vous méprenez sur la portée de mes sentimens. Parce que vous me voyez léger, et je le suis en effet, vous pensez que j'apporterais dans une affection la même frivolité. Écoutez-moi, je puis vous le dire, ces choses sont assez loin de vous : je m'étais attaché à une jeune personne : enfantillage, si vous voulez, mais le cœur n'y était pas moins. Je ne vous dirai pas comment je l'ai perdue ; une de ces morts inopinées : on la croyait à peine malade, que le médecin appelé redescendit en disant que c'était sans remède ; quelques heures après, c'en était fait. Je ne puis même dire que j'en fusse aimé : je croirais plutôt que non, malgré la grâce d'une coquetterie qui me rattachait sans cesse à elle, et me pénétrait le cœur d'un inéluctable besoin de la rechercher. Que voulez-vous ? on n'est pas maître de soi ; je n'avais pas su prendre cet amour à demi ; cette passion d'adolescent m'avait envenimé le cœur : des doutes dans l'amour, des reproches dans la tendresse, de l'ironie moqueuse dans l'abandon de mes aveux, cette manière d'aimer inquiète, soupçonneuse et tourmentée avait corrompu le plus pur sentiment de mon être ; toujours ce lait si doux tournait en aigreur !... les choses s'effacent, mais les sentimens restent ; ce qui m'en est resté, mon cher, c'est une appréhension vague de toute affection nouvelle. Il me semble que je m'y mettrais trop, et je me suis fait sceptique par crainte... heureusement ces émotions se calment, parce qu'enfin il faut être un peu de ce monde, et la gaité a repris le dessus. Eh bien ! mon cher, ces violettes, ou plutôt celle qui les a reçues, vous voyez à qui elles avaient affaire ?

J'écoutais cet épanchement naïf de mon jeune ami, et nous suivions, distraits, le cours de la Torse ; nous entrions dans ce bosquet gracieux, entrelacé de saules, d'églantiers et de mûriers sauvages, qui serpente sous l'esplanade du *jeu de mail*. Félicien, qui semblait heureux d'oser, une fois, dégonfler son âme, poursuivit avec cet entrainement plein de mélancolie que ces premières paroles venaient de me révéler :

— Oh ! ce n'est pas que la pensée de cette jolie fille reveille en moi des frayeurs pareilles, mon ami ! Elle a je ne sais quoi de si vrai, de si candide avec elle, que, pour me persuader qu'on peut aimer avec confiance, je n'ai besoin que de me la rappeler... mais c'est au contraire cette pensée de constance qui m'effraierait : on se liera, mais est-ce pour se délier ? la poursuivre, pourquoi ? pour la détourner de sa simple vie et lui troubler tout son avenir ? car, voyez-vous, ce n'est pas ce tapage d'étudians, ni les caquets qui m'alarmeraient... oh ! si Pauline pouvait me dire : oui, je vous aime, mais couvrez notre amour, mais que personne ne puisse nous pénétrer; je me fie à vous, je me repose sur vous... si elle me disait cela, il me semble que je trouverais des forces pour lui tenir toujours parole ; j'y consumerais toutes mes facultés ; j'y tournerais toute l'activité qui est en moi. Dissimulations, folies, études, tout deviendrait de l'amour ; ah bien oui ! lire dans mon âme ! je leur ferais croire que je n'y ai que du parchemin !...

Allons, pourtant, ne vous alarmez pas trop, mon cher, ajouta-t-il en souriant; votre tumultueux ami n'en est pas là. Il vient de vous donner sérieusement beaucoup de rêveries. Cependant, exaltation à part, je vous avouerai que je flotte, sans savoir à quoi je m'abandonne. Je joue... avec des riens, je crois. Si vous saviez, puis, à quoi se réduisent ces grandes amours ? en les pressant dans votre main, elle resterait vide. Ce que je ne vous disais pas, se borne à deux rencontres : la première... oh ! ne riez pas, c'est encore des fleurs. Vous ne vous doutiez peut-être pas, tantôt, d'un culte aussi pieux. Mais c'est qu'aussi rien n'est plus gracieux à donner: ça n'a pas de valeur, c'est joli, ça se respire, c'est sans conséquence, c'est éphémère, c'est simple, c'est suavé, on y met tout son visage, on peut les frotter sur sa bouche et les enfoncer sur son cœur... Elle était près de la maison : je saisis le moment où il ne passait personne, et je lui lance un timide bouquet, qui tombe à moitié caché sous l'herbe du pavé. Vous dire comme le cœur me battait, et ce qu'elle y eût trouvé de supplications, si elle eût pu y lire, c'est impossible ; mais elle ne s'avança pas. Long-temps, long-temps caché derrière le rideau, je la suivis des yeux : elle tournait de fenêtre en fenêtre, chez ses voisines, causant avec enjouement, et même avec quelque chose de plus vif dans la voix, comme si elle eût voulu me faire comprendre qu'elle avait parfaitement vu, mais qu'elle n'acceptait pas. J'allais me retirer, tout triste, lorsqu'enfin je la vis revenir négligemment du côté de mes violettes. Elle se baissa, les glissa dans son tablier dont la poche était entr'ouverte, et continua de marcher vers sa maison, avec ses boucles de cheveux flottantes et la main sur la poche odorante de son tablier.

L'autre fois, c'était hier, mon ami, hier au déclin du jour...

Dans ce moment, descendant toujours la Torse, nous arrivions, par une prairie alongée, vers la route d'Italie qui la coupe. Des voix qui nous appelaient interrompirent Félicien ; et, levant les yeux, nous aperçumes deux cabriolets lancés au galop du haut de la grand'côte qui s'abaisse, en venant d'Aix, vers le vallon formé par le ruisseau. C'étaient nos camarades de table...

5

Félicien courut à eux avec des appellations bruyantes ; mais , du plus loin qu'il put se faire entendre , d'Alleins lui cria :

— Ohé ! as-tu donc le diable au corps ? il y a cinq minutes que nous te regardons : on dirait que tu joues la tragédie ?

— La tragédie? non pas , mais je préparais une scène de sentiment; et je voudrais de bon cœur que le diable vous eût emportés vous mêmes de m'a_ voir interrompu au plus pathétique de ma tirade...

— Tu es donc amoureux , lui cria Larivière ?

— Oh ! oh ! Larivière qui fait le malin ! Messieurs, amoureux , je n'en suis pas sûr encore ; je délibère. Mais , par exemple , je vous jure que je ne ferai pas comme cet égoïste de Léonce, qui passe huit heures de nuit sous une fenêtre , et qui n'en veut pas faire part à ses amis. Si je me décide à être amoureux , moi , je vous donne ma parole d'honneur que je vous ferai tous mes confidens, et toi, Larivière, tout le premier, quand bien même je serais ton rival ! allons , place , les amis ! vous me direz , ensuite , où nous allons.

— Place ! il est bon , là ! repartit le placide Dupuis ; il faudrait qu'il y en eût pour cela. Montez en laquais , Messieurs les tragédiens !

— Les tragédiens vous enfoncent , et la preuve...

Il s'élança sur le brancard du cabriolet, et fut s'asseoir , d'un saut, sur les genoux de ses camarades. On me reçut dans l'autre cabriolet et les fouets recommencèrent à claquer.

Les cabriolets poursuivirent alors la route du *Tholonet*, avec des têtes de vingt ans pour les conduire. Ils luttaient de vitesse , se coupant la voie , fesant retentir la campagne de leurs vives clameurs. La joyeuse bande allait savourer , au milieu de ce site pittoresque , et tout près du mur gigantesque qu'y a laissé l'industrie romaine, le vin cuit vermeil, qui coule de ces côteaux voisins où flottèrent , jadis , les tentes du camp de Marius.

§

Nous avions été interrompus, dans notre entretien sur les bords de la Torse, par la bande bruyante qui nous avait entraînés au Tholonet. Félicien m'acheva plus tard sa confidence : c'était seulement une rencontre , au déclin du jour , en face de la maison de Pauline ; quelques mots de courtoisie , dis avec trouble, à peine articulés, et auxquels sa douce figure avait pu, seule, répondre ; c'était l'offre d'un bouquet, pour huit heures du soir, écoutée comme une chose qui plait et dont on ne sait pas si l'on aura la force de se priver. Mais concevez-vous cette joie confuse et impatiente d'un premier espoir de rencontre, d'une rencontre qui n'est pas promise, mais qui peut-être se réalisera ? Quelle anxiété confiante avait dû remuer le cœur de mon ami ! Car, je le voyais, il avait l'âme ardente, et elle s'abandonnait, avec une ivresse dont il ne se rendait pas compte encore, à la sensibilité qui le pénétrait. Vous savez qu'il est de ces fleurs dont la suavité vous enveloppe ; mais la douce senteur qui s'exhale de leur corolle, est chargée de tant de vagues rêveries, que ni le cœur, ni la tête ne s'en aperçoivent ; ce parfum s'insinue en nous, et nous parcourt avec une molle ivresse qui allanguit nos paupières, qui nous embaume le soufle de charme, et qui, sans être le sommeil, ni la torpeur, ni l'extase, nous remplit d'une vague défaillance, en même temps qu'il réveille toutes les forces vives de notre nature. Je crois qu'on vit trop alors, et c'est ce qui fait qu'il est de douces fleurs qui donnent la mort. Eh bien ! Félicien aussi, sans s'en douter, humait de toute l'aspiration de son âme, ces airs mystérieux qui empoisonnent, tant ils font vivre !

Il avait donc couru ; mais, jusqu'au moment convenu, il s'était tenu au théâtre pour éloigner les soupçons. Il y était resté, tremblant, comme un malfaiteur, à l'approche de tout visage ami ; il s'était enseveli parmi les chapeaux blancs des faubouriens du parterre, et, quand l'instant avait approché, léger comme un oiseau, il avait volé. Mais gardez-vous de croire qu'il fût rentré chez lui pour prendre son bouquet. Quelqu'un eût pu l'arrêter au passage ; et, avec cette familiarité de camarades qui toujours questionne, sans jamais lâcher prise, on lui eût dit : Eh ! où vas-tu courir, à cette heure, avec tes fleurs ? Félicien leur avait donc cherché une hospitalité, et il l'avait trouvée sur le cordon saillant des croisées du vieil hôtel d'Albertas. Là, sur le rebord mousseux de la pierre, il les avait doucement posées, à la nuit, en pleine rue, et il leur avait dit : en attendant que je vienne vous reprendre, je vous confie à l'ombre de ces murs et à la fraîcheur du soir ! A son retour il les avait retrouvées fraîches et odorantes ; et, lui à son tour, aux aguets sur ces mêmes lieux où il avait désolé Larivière, il attendait ces huit heures si précieuses dont il ne savait ni la promesse, ni le sort.

Enfin elles avaient sonné ! *St.-Jean* d'abord, avec sa voix grave ; puis *St.-Esprit*, puis, en même temps *St.-Sauveur*, le *grand horloge* et la

Magdelaine, pendant la réplique de *St.-Jean* et de *St.-Esprit*. Alors une forme qui n'avait pas voulu être trop hâtive à paraître, traversa la rue et courut chez Mlle. Constance, en échangeant quelques mots à haute voix. Peu d'instans après, elle repassa lentement, et, comme elle portait la main au pommeau de la porte entr'ouverte, près d'elle se glissa Félicien.

— Voilà ce que je vous ai promis, Pauline; mais ce n'était qu'un prétexte, un prétexte pour vous dire.....

— Eloignez-vous, éloignez-vous, je vous en conjure, interrompit-elle à voix basse. Déjà tantôt, quand vous me parliez, on m'a vue. Oh! je vous prie.....

Elle ne put même achever, car un bruit intérieur l'avertissait. Elle ouvrit la porte avec vivacité, entra délibérément, et, la refermant aussitôt, elle y mit une lenteur tellement marquée, qu'on ne pouvait l'expliquer que par l'indifférence, ou par l'expression d'un long regret. Duverger, se réveillant, avait volé au théâtre, le cœur-plein....... plein de quoi? il ne savait; mais ému, mais tumultueux, mais heureux, inquiet, confiant et triste tout à la fois, tel enfin que le lendemain il s'était dégonflé.

Assurément si quelque chose doit se concevoir, c'est l'impatience du doute qui le dominait alors. Une certitude acquise nous donne, si non du calme, du moins des forces. On peut se réfugier en son amour, et lui demander cet aide qui s'appelle espérance, patience et dévouement. Tout cela, l'amour vous le donne à pleines mains, parce qu'en échange vous lui avez donné quelque chose de bien doux: la confiance d'une affection partagée! Mais, au contraire, lorsque ce bonheur que vous poursuivez, ne vous apparaît encore que comme un nuage confus; quand vous n'avez rapporté, de quelques rapides rencontres, que des mots suspendus, des paroles suaves, mais presque muettes, des regards délicieux, mais cependant ternes d'amour; et que, là dessus, il faut asseoir une passion qui déjà déborde; et qu'avec si peu de chose il faut faire courage à un cœur qui s'éprend à aimer..... Un cœur qui aime bien est si pusillanime! Oh! allez, il est plein d'anxiété ce moment! rien ne tenaille comme le doute; on craint de donner contre une illusion; et, à cet âge, avec une sensibilité si délicate qu'elle est comme l'enfant naissant que meurtrissent les langes les plus doux, à cet âge, donner contre une illusion, de tout l'élan de sa jeune âme, c'est se déchirer contre un rocher! Il avait donc peur, mon jeune Félicien; mais ils avait autant d'amour que de peur. Aussi, après s'être quelque temps bercé de rêveries, qu'il s'efforçait, d'abord, de traiter en choses légères, il venait de finir par les saisir, corps à corps,

ces rêveries , et il les poursuivait , sans repos ni cesse , comme un fan-
tôme qui vous obsède , et dont on veut savoir s'il est ou s'il n'est pas,

Moment d'anxiété donc , et , par là même, moment de danger ! témérité,
c'est le mot qui le caractérise. Le besoin de conserver , de sauvegarder , ne
vient qu'après celui de posséder. Quand on ne sait pas si l'on a même quelque chose , peut-on se faire ménager et avare ? Tout au contraire , c'est le
temps des imprudences , du gaspillage de ses secrets ; parce que , d'une
part , on n'en sait pas encore tout le prix ; parce que , de l'autre , il faut
sacrifier un peu de leur mystère pour savoir ! mon impatient Félicien
cherchait donc. Il voulait atteindre Pauline , avoir d'elle un mot ; démêler ,
enfin , si les légères faveurs qu'il avait recueillies , étaient seulement de la
bonne grâce ? Ainsi lui , à son tour , la poursuivait , lui aussi avec sa fièvre,
Oh ! mais autrement que Léonce : Léonce avec son caractère âcre et passionné , était sur ses pas , pressait sa marche pour la rejoindre , la ralen-
tissait dès qu'il était près d'elle , et lui parlait avec une insistance qui la
fesait rougir et s'éloigner hâtivement. Félicien , lui , ne la suivait jamais ;
seulement , avec une sagacité qui s'exaltait d'heure en heure , de loin , sous
les apparences les plus réservées , il épiait la course de Pauline ; à l'heure,
à la direction qu'elle prenait , à sa mise , à la précipitation de son pas , i
devinait son but et son passage sur des points éloignés ; alors il se jetait
dans des circuits de rues qui avaient fini par lui devenir familiers , et qui
le conduisaient , comme de pur hasard , à sa rencontre. S'il s'était trompé ,
il espérait mieux pour le lendemain ; s'il parvenait à se croiser avec elle, il
passait négligemment , d'une manière toujours égale ; au lieu de la contempler fixément , il ne lui donnait qu'un furtif regard , et ce regard venant d'une figure d'ordinaire si animée , restait voilé et le plus doucement
possible interrogateur. Combien de fois encore, lorsqu'il s'était cru observé,
l'avait-il entièrement ignorée au passage ! Et que recueillait-il ? tout au
plus un long regard , qui même ne s'adressait pas à lui , mais qui , par sa
fixité sur des objets indifférens , révélait une préoccupation intérieure.....
Comment ne l'eût-elle pas éprouvée ? Elle le voyait trop souvent venir à elle
de loin , pour qu'elle ne comprit pas l'incroyable persévérance qui l'atta
chait à sa rencontre ; elle se souvenait encore de ces premiers mots échangés
à la dérobée avec tant de péril ; et , ensuite , quand il arrivait près d'elle,
toute cette passion s'annihilait pour devenir si timidement suppliante ,
qu'évidemment il l'eût sacrifiée au repos de celle qu'il aimait. Pauline suivait
toujours sa marche modeste , et tout ce que Félicien pouvait trouver , c'est
qu'à son apparition , elle pouvait être émue , mais jamais effrayée ; elle

continuait sans appréhension , comme si elle était sûre que celui qui la re-
cherchait était incapable de lui faire le chagrin de la signaler. Aussi errait-
il sur ses traits une vague expression de confiance , une grâce pensive qui
semblait s'interpréter par quelque bonheur. Une seule fois , par un de ces
hasards inespérés que lui avaient fait l'obscurité et l'isolement de l'endroit,
il avait osé couper le pas à la jeune fille , sous une de ces cariatides suspen-
dues qui redoublent l'ombre projetée par les hôtels ; et , comme elle n'avait
pas la force , cette fois , de s'envoler tout de suite , interdits l'un et l'autre ,
lui avait saisi sa jolie main , il l'avait portée témérairement sur ses levres
et avait poursuivi son chemin.

Et, cependant , il était temps de se raviser. Tant d'art ne suffisait pas ,
tant de réserve allait les dénoncer. Pourquoi ces courses ? quel but avoua-
ble leur assigner ? Comment cette timidité dans des rencontres qni devaient
plutôt être badines ? Il suffisait d'un observateur deux fois témoin de l'un
de ces faits pour donner l'éveil.... et , le dirai-je ? le naturel qui portait
Duverger à l'offensive lui fesait, en ce moment, défaut ; comme s'il eût hésité
entre le bonheur qui fesait invasion en lui , et cet instinct de lutte qui l'ar-
mait de verve joyeuse pour se protéger. Je concevais bien qu'il hésitât.

Mais , à mesure aussi qu'il avançait en espoir , il serrait son jeu. Sa pétu-
lance agressive lui revenait avec le besoin. On eût dit qu'une seconde vue
l'avertissait. Ceci n'est nullement une affaire de prestige. On ne se figure pas
ce que la fixité d'une idée peut donner de vigueur et de pénétration sur un
sujet. Concentrez , vers un but donné , l'habileté d'un ouvrier , la réflexion
d'un mathématicien , la pensée oratoire et dialectique d'un homme de tribune: vous voyez à quelle énergie d'action ils parviennent ! Et encore
c'est un sujet en dehors d'eux ; le résultat n'est pas pour eux-mêmes ,
il y a quelque chose d'externe qui allanguit leur activité : mais prenez un
cœur juvénile , et , à cette vie qui étincelle , donnez un travail qui soit
cette vie elle-même , donnez à ce travail , cette patience qui se retrempe
dans ses propres efforts et comprenez jusqu'où il ira. Félicien avait donc
senti que tout ce mystère était la plus faible des barrières , et il avait pris
son élan.

Le plus grand danger ne venait pas de Larivière. Léonce , tourmenté
pour lui-même, sans cesse épié depuis le surcroît de surveillance que lui
avait attiré sa fanfaronade de table , n'était pas dans une position assez
calme pour bien juger. Il était sur la défensive , et hors d'état de porter
la diversion au dehors. D'Alleins , au contraire , et Mlle. Constance ,
voisins , curieux , froids , argumentateurs et placés à la vraie distance

pour embrasser les effets d'ensemble , étaient deux désolantes sentinelles. Ils se trouvaient, quant à eux , dans cette position sans gêne, qui fait qu'on n'a pas à s'inquiéter pour soi. Elle, plutôt coquette et bien aise d'une cour où brillait son esprit maniéré par la lecture des romans ; lui presque aussi peu entreprenant qu'il était inquisiteur ; ils vivaient plus d'autrui que d'eux-mêmes ; et les mauvaises langues assuraient que c'était une intimité presque sans conséquence , et tout-à-fait sans conséquences. Mais ils n'en étaient que plus dangereux.

Duverger le sentit et commença par là.

Un dimanche au matin , à neuf heures , il entra dans la chambre de d'Alleins qui sommeillait encore , heureux de n'avoir pas à courir à l'*appel*. Il le reveille assez brusquement , et d'une voix drôlement sérieuse :

— Emile , es-tu mon ami ?

— Eh ! laisse-moi tranquille avec ton amitié , reprit Emile en se tournant de l'autre côté !

— Mon cher , j'ai une affaire... à ces mots , d'Alleins sauta du lit pour écouter et s'habiller.

— Voilà que maintenant tu vas trop loin. Je te dis que j'ai une affaire d'amour, et je m'adresse à toi.

Emile , sentant l'attrape , tourna piteusement les yeux vers son oreiller... mais il était à bas du lit , et trop réveillé. Il s'exécuta de bonne grâce :

— Allons , encore quelque farce ! d'abord si ce n'est pas vrai , tu me la paieras !

— Non, mon cher, parole d'honneur ! c'est bien sérieux. Tu vas me faire le plaisir de faire une toilette digne de la mienne, et de monter avec moi à la grand messe de St.-Sauveur. Sois tranquille, j'espère bien un jour aller tout seul ; mais, dans ce moment, je suis trop novice... il faut que tu me fasses contenance...

— Et quelle est l'heureuse mortelle qui a captivé ton cœur ?

— Qui? qui? tu ne peux donc pas te fier à moi pour une demi-heure ? je te promets qu'elle sera à l'église ; et, toi qui es si clair-voyant, tu devineras bien vite ce que je puis espérer. Tu me promets de ne pas me trahir , au moins ! être éconduit, passe ; mais mystifié par dessus le marché , ce serait trop vexant, entends-tu ?

D'Alleins s'habilla donc , sans obtenir d'autre explication.

Comme ils enfilaient le chemin de la cathédrale , le magasin de la jeune **gantière** était entr'ouvert. Elle était près de la porte , en négligé du matin, achevant de fixer une ganse sur le ruban de ceinture qu'elle destinait à la promenade du soir, sur le cours. Les deux étudians allèrent à elle.

— Mlle. Constance, vous avez bien tort de ne pas venir à la grand messe. M. d'Alleins y monte avec des projets que vous seriez peut-être curieuse de surveiller du coin de l'œil.

— Je ne vous crois pas, M. Duverger ; vous êtes un jeune homme si rangé, que ce n'est pas avec vous qu'il irait...

— Et c'est ce qui vous trompe, Mademoiselle ; dans ce moment, vous me voyez perverti par Emile, entraîné pour lui faire contenance, comme il dit...

— C'est joli ce que j'apprends là, M. Emile ! vous vous faites donc mauvais sujet ?

— Mais vous l'écoutez ? vous ne voyez pas qu'il s'amuse ? c'est lui qui est amoureux et qui m'a prié de l'assister.

— Ah ! par exemple, Emile, c'est un peu fort que de m'endosser tes aventures ! n'est-ce pas assez, déjà, de te servir de plastron ? Mademoiselle, si vous voulez vous en convaincre, montez à St.-Sauveur, et vous verrez de vos propres yeux.

— Si tu le prends ainsi, je te lâche, lui répliqua d'Alleins d'un ton gaîment menaçant.

— Allons, allons, je te jouerais un trop vilain tour ; je me rétracte. C'est donc moi qui suis l'amoureux, Mademoiselle, et, comme je meurs d'impatience, je vous l'emmène.

Ils laissèrent donc Mlle. Constance, au milieu de ce gâchis de contradictions. Elle reprit son ruban, assez curieuse de savoir ce que voulait dire cette plaisanterie. C'est tout ce que désirait Félicien.

— Voilà comment tu es, reprit Emile en suivant la marche de son camarade, tu me recommandes le plus grand secret, et tu n'as pas fait deux pas, que tu as déjà semé tes confidences ! comment veux-tu parvenir, avec une légèreté pareille ?

— Une légèreté ! eh ! où est-elle, cette légèreté ? je lui disais que c'était toi ; si tu ne m'avais pas démenti, elle m'aurait cru. Je raffinais, au contraire, mon cher, dans ce moment-là ! mais c'est toi qui avais la démangeaison de me mettre en scène.

— Oh ! oui, elle t'aurait cru ! il suffisait que tu misses la chose sur le compte d'autrui, pour qu'elle se défiât. Tu la crois donc bien sotte, de ne pas savoir prendre le contre-pied de ce qu'on lui dit ?

— Et puis , au fait , qu'ai-je tant dit ? j'ai parlé de projets pour la grand
messe.... que veux-tu qu'elle y comprenne ?

— Elle y comprendra bientôt autant que toi. Au reste , c'est ton affaire;
mais , je te le répète, tu m'as l'air taillé pour conduire une intrigue ,
comme moi pour faire de l'amour en idylles ! tu n'y entends rien...

— Eh bien ! soit , nous verrons. Et ils arrivaient devant le palais archiépiscopal , pour entrer par la petite porte latérale.

La cathédrale de St.-Sauveur date du onzième siècle. Elle fut construite
par le prévôt Benoit. Mais , à cette époque, elle n'avait qu'une nef , celle
dont le portail actuel est situé près d'un grand mur dans lequel on veut
voir les reflets d'une antiquité romaine. Dès que des pierres bien élargies
se trouvent placées en lignes droites et liées , par un dur ciment , pour peu
que le temps les ait revêtues d'une teinte semi-grise , semi-dorée , l'archéo-
logue les baise respectueusement , en admirant sur elles l'empreinte véné-
rée du ciseau de Rome. Mais je ne veux pas introduire, dans ces feuilles, des
détails d'antiquaire ; c'est plutôt à reproduire mes impressions personnel-
les que j'aspire , en interrompant un récit d'amourette , pour esquisser une
rapide physionomie de cathédrale.

L'église de St.-Sauveur , achevée, ainsi que son clocher, au quatorzième
siècle , offre trois nefs : celle du milieu, la plus large , est d'une exécution
hardie; la voûte en est élancée , son chœur a un aspect bien archiépiscopal.
C'est à exciter le dépit de nos chanoines de Marseille qui s'asseoient , à la
Major , dans de si mesquines stalles , défendues par des barrières qui
ressemblent à celles d'un comptoir de négociant. Le chœur de la cathédrale
d'Aix est en harmonie avec les solennités religieuses au milieu desquelles
retentissent la voix grave de l'archevêque, et celle de l'orgue. C'est , alors ,
un moment de saisissement mystique : les chantres ébranlent les voûtes et
rendent les nefs sonores ; les enfans de chœur font voltiger , sur les chants
du chapitre , leur voix fraîches et mélodieuses ; l'encens s'élève en vapeurs
que le jour des vitraux nuance , et l'orgue, chargé de la partie tonnante de
l'accompagnement , attend la fin des cantiques , pour déchainer le *tutti*
de ses tuyaux.

St.-Sauveur est une cathédrale gothique ; et cependant elle est gaie et sereine comme un temple grec. L'artiste a eu beau placer, dans le voisinage
de la voûte, ses fenêtres enluminées; y construire de mystérieuses cha-
pelles; y élever de bizarres autels ornés de grotesques statues ; St.-Sau-
veur n'éveille pas cette impression de terreur religieuse que l'on éprouve

dans les cathédrales de cette époque. C'est que le midi a triomphé de l'architecture sombre de nos pères : les murs extérieurs et intérieurs ne sont pas couverts de cette humidité qui flotte en vapeur permanente, sur les parois des églises du nord ; les rayons d'un soleil éclatant se glissent par les vitraux, et resplendissent autour des piliers, sur les autels antiques, dans les vastes nefs. D'ailleurs, un instinct dont l'ouvrier ne se rendait, peut-être, pas compte, lui a fait renoncer à ces entrelacemens de colonnes, à ces dédales de tribunes, à ces masses confuses de piliers, qui rappellent, dans les édifices religieux du moyen-âge, la forêt voisine changée en pierre par le soufle de l'artiste. Le caractère de St.-Sauveur est bien gothique ; mais ses lignes ont plus de pureté, ses voûtes plus d'air que dans les autres cathédrales ; l'ouvrier qui travaillait sous le soleil du midi, a songé à ses rayons, quand il proscrivait ces ornemens touffus, ces masses de colonettes, si prodigués ailleurs !

. La teinte de St.-Sauveur est douce et assez riante ; elle respire cette sévérité tranquille qui va bien à un temple chrétien. Le maître-autel se couronne d'un baldaquin porté par de belles colonnes ; à côté, la *Credenze* est soutenue par deux lions en marbre d'une exécution parfaite. Des souvenirs historiques sont repandus dans cette belle église : en face de l'autel de St.-Sauveur, s'élève le buste de Charles Ier., Comte de Provence et roi de Naples ; on a brisé plus tard celui du prévôt Benoit qui jeta, comme je l'ai dit plus haut, les fondemens de cette cathédrale. De l'autre côté s'élèvent les tombeaux de Charles le boiteux et de Grimérius, archevêque d'Aix. C'est encore sous cette voûte que Charles-Quint, à cheval, revêtu de la dalmatique impériale, et entouré de toute sa cour, se fit couronner roi d'Arles et comte de Provence.

Les étrangers qui arrivent dans cette ville, hors les jours de fêtes solennelles, peuvent se procurer, pour dix sous, la satisfaction de contempler les célèbres portes de St.-Sauveur. Ils doivent s'arrêter d'abord à examiner un instant le portail surbaissé, dont la pierre cintrée, travaillée et fouillée avec le soin que les artistes du moyen-âge mettaient à la festonner d'acanthes, étale des saints et des saintes dont la révolution française fit disparaître les têtes. Le reste du corps fut respecté. Les têtes leur ont été remises, il y a quelque temps. Cette façade extérieure ressemble à celle de presque toute les cathédrales du quatorzième siècle. Rien n'y manque, ni les cannelures gracieuses, ni les statuettes s'élevant les unes sur les autres, ni la rosace flamboyante s'épanouissant au dessus de la légère corniche.

D'ignobles étuis poudreux recouvrent les portes que l'on a prétendu, à tort, être en bois de cèdre. Ces portes sont en bois de noyer ; elles furent sculptées en 1504. Chacun des deux ventaux est divisé en deux parties iné-gales. La plus basse représente deux prophètes ; la plus élevée étale, sur deux rangs, six figures de femmes qu'on s'obstine à appeler Sibylles ; *Teste David cum Sibyllâ*. Les vêtemens de ces femmes se rapportent au quin-zième siècle. On est étonné du degré d'expression et de finesse que l'artiste a donné à ces figures. Dans les compartimens courent, en filets légers et soigneusement exécutés, des arabesques ; autour de ces arabesques, des guirlandes de fleurs, des fruits se suspendent avec grâce ; leur dessin est plein de délicatesse.

Je m'aperçois que j'ai oublié de vous parler d'un tableau dont on fait honneur au roi René : le roi René s'occupa de tout et ne réussit en rien ; il fit des vers et les fit mauvais ; sa musique était pire encore, ses comédies sifflées entre courtisans, ses farces d'un grotesque audacieux, et ses tableaux d'un mérite très-contestable. Mais ce bon prince aimait les arts ; il n'eut que le tort de vouloir peindre, d'écrire des vers et de composer des pièces de théâtre. Le tableau placé à droite en entrant dans la grande nef lui est mal à propos attribué. Il est peint à l'huile et représente le buis-son ardent que le roi René, placé dans un volet à gauche, et Jeanne de Laval, sa seconde femme, placée dans un volet à droite, adorent à ge-noux ; ce tableau, qui est de quelque artiste flamand ou italien, appelé à Aix par le roi René, est égal en mérite aux meilleurs de la renais-sance.

Quittons l'église et retournons sur la place de l'Archevêché, en passant par le frais corridor qui longe le cloître, dont la construction remonte au prévôt Benoit. Ce cloître ressemble à celui de St.-Trophyme d'Arles, seulement c'est une miniature à côté d'un grand tableau. Les doubles co-lonnettes, coiffées de chapiteaux où grimacent de bizarres figures, promè-nent, le long du corridor, la gracieuse souplesse de leurs fûts élancés ; ici c'est tout-à-fait le moyen-âge, et, en égarant la vue à travers ces ba-lustrades fantastiques, on reconnaît que l'artiste auquel nous devons la sombre décoration de la scène des nonnes, s'est inspiré de cette architecture mystique, qui rappelle, à la fois, le silence de la tombe et les chants du sanctuaire.

C'est par ce cloître gracieux que nos deux étudians étaient entrés dans la nef de droite. Ils s'y étaient placés obliquement, de manière à voir tous les visages de la grande nef en face d'eux. Félicien paraissait très-occupé de sa personne , et portait coquettement la main dans les cheveux.

Après quelques instans de recherche , ses yeux s'étaient fixés ; ensuite il se pencha lentement vers son camarade , et, lui indiquant la place par la direction de son regard :

— Là , à côté du chapeau en peluche jaune , lui dit-il à voix basse : on ne m'a pas encore aperçu ; observe l'effet.....

Emile regardait , sans répondre , de l'air d'un homme qui ne comprend pas.

— A droite du chapeau jaune , te dis-je ! des yeux baissés , un bonnet.....

— Mais c'est Pauline , mon cher ?

— Eh sans doute , c'est Pauline. Eh bien ! après ?

— Après ? rien. Mais alors , elle t'aime ?

— Ou elle m'aimera , je n'en sais rien. Si l'on ne faisait jamais la cour qu'après s'être entendu dire qu'on vous aime , on ne la commencerait jamais ! il me semble que c'est toi qui n'es pas fin.

— Il me semble , à moi , que ce n'était pas la peine de me tirer du lit.

— Mais non ; je t'en supplie. Seul je ne saurais plus quel air prendre. Observe pour moi. Tu sens bien que ce n'est pas quand je la regarde qu'elle peut lever les yeux ; mais quand je me détourne , il faut regarder.

Pauline était peu distraite. Si , une ou deux fois , levant la tête de ce côté , elle avait regardé nos deux jeunes gens , elle s'était ensuite détournée , sans affectation , avec cette indifférence que vous avez pu apercevoir sur les traits d'un assistant , lorsqu'il a long-temps considéré la corniche de quelque pilier ou le dessin de quelques vitraux , et qu'il laisse retomber à plat sa vue hébétée d'irréflexion. Pauline , alors , reprenait son livre.

C'est qu'Emile n'avait pas tout vu. Quand ils étaient entrés , et avant qu'il sût où devaient se porter ses yeux , elle les avait levés et détournés avec trouble ; puis , les détachant encore de son livre d'heures , elle avait compris qu'il était impossible à Félicien d'être là , pour la livrer à des plaisanteries de jeunes gens. La manière , d'abord expressive , de ses traits , tout-à-coup changée en une affectation de recherche , l'avertit instinctivement qu'il lui demandait de l'indifférence. Elle s'était donc remise à lire avec un incarnat qui bientôt avait fait place à des couleurs allanguies ; et , si

Emile eût bien observé , il eût vu qu'elle ne tournait pas souvent le feuillet. Heureusement, d'Alleins , dont la curiosité était émoussée par la présomption de son camarade , regardait de complaisance , riant sous cape de la drôle de manie amoureuse qui venait de prendre à ce pauvre garçon.

Quant à Félicien , il n'avait par changé d'attitude ; seulement, ce n'était point à la jeune fille que ses œillades s'adressaient : la constance de sa pose avait frappé la *peluche jaune* ; et Mlle. Agathe , car c'était elle , se voyant l'objet d'une attention aussi marquée , n'avait pu s'empêcher de tourner vers le contemplatif jeune homme les bords évasés de son chapeau. Il était évident que l'hommage était pour elle ; et je suis bien sûr qu'en ce moment , elle rendait intérieurement grâce à M. Jacquemin d'avoir si bien dissimulé le *bec de lièvre* qu'un ciel injuste lui avait donné.

La cérémonie continuait , avec son plain-chant, l'accompagnement mélancolique de l'orgue et l'ivresse confuse de l'encens. Ce qui se passait dans ces jeunes cœurs , vous le comprenez , sans doute, un peu. L'effusion soulage ; mais, au contraire , quand tout, regards, mouvemens , paroles doit démentir la pensée , oh ! alors cette pensée, refoulée en soi, au milieu de tout ce qui l'exalte et voudrait la faire jaillir , cette pensée doit s'enfoncer délicieusement dans le cœur.

Au moment où le tintement de la clochette fesait incliner l'assistance , Emile , courbant la tête près de Félicien :

— Ça va mal , mon cher , lui dit-il du bord des lèvres ; je viens de lui surprendre un sourire peu obligeant pour toi ; et , de plus, tu t'es attiré la demoiselle.

— Je le fais exprès , reprit Duverger tout bas.

— Mais c'est un embarras ?

— Oh ! je te dis que tu n'y entends rien.... je t'expliquerai....

Ils se turent.

Quand, au dernier roulement de la sonnette, les têtes se relevèrent , celle de Mlle. Agathe se porta de nouveau vers la nef de droite ; celle de la jolie fille resta encore à moitié inclinée , comme si elle n'eût quitté qu'à regret la méditation qui fesait appuyer son front sur ses mains.

Au moment de sortir , elle causa gracieusement avec plusieurs de ses amies dont elle rencontrait la chaise ; puis elle se retira, sans prendre garde aux deux jeunes étudians.

— En vérité, mon cher , dit Félicien après la sortie , il faut donc que je t'en remontre ! comment ne vois-tu pas que si j'allais bêtement regarder Pauline, la demoiselle s'en formaliserait et ferait un éclat dans la maison? au lieu qu'en la contemplant elle-même, je suis bien sûr qu'elle ne fera pas d'esclandre....

— Tout cela est fort beau ; mais en attendant....

— En attendant, crois-tu que Pauline puisse s'y méprendre ? va, sois tranquille, elle saura bien prendre pour elle mes vœux, malgré leur adresse indirecte ; à présent, je ne dis pas...

— Oh ! non, mon cher ; je te trouve très avancé, mais très-avancé... Je trouve même qu'elle dissimule déjà si habilement, que c'est à croire qu'elle ne te connait seulement pas....

— Ah ! voilà, voilà, de l'ironie ! mon cher, c'est de la suffisance que de ne jamais vouloir croire aux succès des autres.

— Ce n'est pas de la suffisance ; mais quand je te vois faire le tacticien, mettre en mouvement toutes les intrigues des livres, tirer tes amis du lit, le tout pour une fille qui, peut-être, ne te connait pas encore, et à qui tu ne sais adresser que des déclarations par contre-coup, tu me fais l'effet d'un amateur qui ne sait pas jouer le *même*, et qui veut commencer par des billes au *doublet* !

— Bien, bien ! maintenant de l'esprit, n'est-ce pas? Voilà comment vous êtes, messieurs les habiles : parce qu'on n'est pas de votre avis, tout de suite vous vous cabrez. Tiens, dans ce moment, je suis sûr que tu serais de mon opinion, si la contradiction ne te rendait pas entêté. Mais non, je te ferais toucher au doigt les choses, que tu me les nierais.

— C'est possible ; seulement, pour aujourd'hui, j'espère que tu me permettras de rester dans le doute, tu y consens, hé?

— Oh ! mon cher, tant que tu voudras !...

D'Alleins piqué quitta Félicien, et courut, chez Mlle. Constance, se consoler, aux dépens de son camarade, de la corvée que celui-ci venait de lui imposer.

Duverger, satisfait du tour qu'avait pris sa confidence, le laissa s'égayer tout à son aise sur l'aventure dont il venait de le rendre le témoin, et continua son jeu.

Peu de jours après, comme j'allais chez mon jeune ami, un vieux monsieur, que je savais être le familier de la maison Deigary, et qui se tenait dans ce moment sur l'escalier de la porte, dans l'attitude d'un homme qui, apercevant une occasion, se dispose à la saisir, ce monsieur salua Mme.

Deigary d'un air qui semblait dire : *laissez-moi faire* ; et prit un pas grave qui le conduisait à ma rencontre. Il était évident qu'il venait sur moi. La porte de la maison se referma fortement ; mais j'entendis la croisée du salon s'ouvrir avec précaution ; et la persienne, dont les lames étaient verticales, reçut d'une personne qui avait dû se porter derrière cette cache, une légère ondulation.

— Monsieur, me dit-il en m'abordant, je me proposais d'avoir l'honneur de me présenter chez vous : toutefois la communication que j'avais à vous faire est assez importante pour n'être pas différée. Je suis l'ami de la famille Deigary ; je vous crois celui de M. Félicien Duverger. Vous êtes plus âgé que lui ; il recevra, sans-doute, beaucoup mieux de vous un avis qui l'intéresse. M. Félicien se permet, auprès de Mlle. Agathe, des obsessions tout-à-fait déplacées. La famille Deigary s'en est aperçue, Monsieur, et elle désire que cela cesse. Ce n'est pas, je vous prie de le croire, qu'il entre rien de désobligeant pour M. Duverger dans la pensée des parens de la jeune demoiselle ; au contraire, on doit toujours être flatté d'une pareille recherche ; mais, Monsieur, vous me permettrez de vous faire remarquer que ce n'est pas ainsi qu'un jeune homme bien né se présente. Ces sortes de poursuites peuvent préoccuper une jeune personne ; et, si M. Duverger, comme je n'en doute pas, n'a que des sentimens honorables, il le prouvera en se retirant ou en s'expliquant.

Je n'étais pas préparé à cette sommation à bout-pourtant, risible surtout par le ton solennel de l'ambassadeur. Je me tins cependant avec toute la gravité dont j'étais capable, et comme, au fait, Félicien n'était pas fort avancé avec la Demoiselle, je pus facilement tenter l'explication.

— Ce que vous me dites là, Monsieur, me surprend beaucoup, lui répondis-je ; car M. Duverger est un jeune homme délicat et surtout incapable de mal agir envers la respectable famille Deigary. Je vous dirai que j'ignore complétement les assiduités dont vous me parlez ; et cependant je suis assez souvent avec lui pour qu'une conduite blâmable de sa part ne m'eût pas échappé ; ce sera probablement le résultat de quelque discours malveillant. Pourriez-vous me citer quelque circonstance dans laquelle le jeune homme aurait parlé à Mlle. Agathe ?

— Permettez, Monsieur, je n'ai pas pu vous dire qu'il eût parlé à la jeune personne, mais....

— Eh bien ! écrit, si vous voulez ?

— Ni parlé, ni écrit, Monsieur ; Mlle. Agathe connaît trop ses devoirs, pour souffrir qu'un étourdi jeune homme lui adresse des vœux qui n'auraient pas l'agrément de ses parens.....

— Mais alors , Monsieur ?....

— Mais , Monsieur , cela n'empêche pas que ce M. Duverger , toutes les fois qu'il passe , ne jette les yeux sur elle ; il est sans cesse à la regarder ; à la messe il est toujours en face de sa chaise ; il n'est pas jusqu'à cette jeune ouvrière qui habite la maison , à qui il ne soit allé demander si Mlle. Agathe n'avait point d'inclination ! Heureusement cette fille a été assez prudente pour n'en parler qu'à Mme. Deigary qui avait aperçu le colloque ; mais vous concevez que ces poursuites romanesques ne peuvent être tolérées plus long-temps.

— Il est possible , Monsieur , qu'il y ait eu quelque légèreté de la part de M. Félicien ; mais, outre que Mlle. Agathe connaît trop bien ses devoirs pour présenter la moindre prise, je vous le demanderai à mon tour , Monsieur : je veux admettre , ce qui est très-concevable, que cette jeune personne lui plaise et qu'il la regarde avec quelque attention : eh bien ! voulez-vous empêcher un jeune homme qui passe, de porter les yeux sur une demoiselle qui se tient à la vitre ? cela deviendrait une tyrannie à laquelle il n'est pas possible de souscrire. Quoi donc ! vous fermez vos portes à l'étudiant ; partout vous le tenez à l'écart : si encore vous lui ôtez le droit de regarder à droite et à gauche dans la rue, et d'entrer à la messe le jour où tout le monde y va , mais autant vaut lui mettre une visière sur les tempes comme à un cheval de carriole , et l'envoyer , ainsi coiffé , à l'université... seulement, Monsieur, comme nous n'y sommes pas décidés encore , il reste deux partis aux habitans d'Aix qui craindront les regards obliques : ou de dépolir leurs vitres, ou de faire transférer à Marseille l'école de droit.

Un mouvement convulsif des lames de la persienne m'avertit que , s'il y avait une personne derrière, elle n'était pas de mon avis. Des rires mal contenus s'échappaient du magasin de la jeune modiste. La renommée aux cent voix y élaborait déjà l'histoire de mon colloque. Je me mis à me considérer dans ma gravité de plénipotentiaire , au milieu de ces auditeurs invisibles , toujours en face de mon vieux Monsieur , propriétaire d'une maison d'étudians , et qui cherchait à concilier, dans son esprit , le succès de sa mission avec le maintien de l'école de droit... j'attendais , par déférence , une réponse qui s'était probablement figée dans sa pensée , lorsque le bruit d'un ressort me fit lever les yeux , et apercevoir M. Deigary, qui ne se doutait certainement pas de la grande affaire traitée sous sa croisée, et essayait les perfectionnemens de sa machine à prendre les rats.

A cette vue, un rire intérieur me prit, mais si impérieux, que j'eus à peine la force de faire à mon interlocuteur une profonde révérence, sans oser articuler un mot. Il me répondit sur le même ton, et je m'esquivai.

Mais pourtant cela n'était pas si gai! il était clair que Félicien allait être surveillé. La nouvelle devait bientôt circuler par la ville; la tante Deigary serait sur le qui-vive. Mon pauvre ami venait de se perdre par l'excès de son jeu.

Lorsque cette maladresse vous arrive au billard, le *cadet d'Aix* de la galerie, du milieu de la fumée qui l'enveloppe, détache un moment de la bouche sa longue pipe recourbée, et laisse tomber cette sentencieuse parole : *trop d'effet!*

§

Mes pressentimens ne s'étaient que trop réalisés : depuis le jour du grand colloque entre le vieil ami de la maison Deigary et moi, la plus sévère surveillance régnait à l'intérieur de cette demeure. Les volets du salon restaient fermés. Le dimanche suivant, l'heure de la messe avait été changée. On dérobait tout-à-fait à Félicien les traits de Mlle. Agathe : on voulait, sans doute, le prendre par famine.

Et l'on y réussissait mieux que ce n'était à croire : car la même obscurité qui interdisait à Duverger la vue de Mlle. Agathe, lui ravissait, sans qu'on y eût mis de malice, celle de Pauline. Impossible de rien tenter : les yeux de la tante Deigary étaient braqués sur lui; la moindre tentative d'approche fût devenue la preuve d'un projet d'enlèvement... et, pour surcroît de malheur, Mlle. Constance regardait aussi, mais avec d'autres yeux. Elle, qui savait où s'adressaient les vœux détournés de l'infortuné jeune homme, l'observait, jouissant de son air de mystifié, sottement pris dans la finesse de son stratagème. Une espèce de clignement malin, lorsqu'elle était avec d'Alleins, prouvait assez que l'opinion moqueuse de celui-ci sur l'habileté de Félicien, avait porté ses fruits.

7

Duverger était donc à l'index, avec de la colère à droite et de la moquerie à gauche. Mais il fesait tête avec une humeur qui eût été parfaite, si, de temps en temps, elle n'eût été vivement épigrammatique contre les doubles corsaires qui lui donnaient la chasse. Il aimait à les agacer, afin de les enfoncer davantage dans leurs dispositions.

— Oh! que les fins sont imbécilles, me disait-il dans ses momens de gaîté! Je leur dis tout, et ils ne comprennent rien. Les voilà tous sur moi, et que découvrent-ils? Les uns ouvrent de grands yeux pour m'empêcher de séduire leur nièce; les autres épient, par amour-propre, pour bien constater que je suis éconduit.

Un matin, Félicien fut attiré, par un signe, sur la porte de la jeune marchande de gants:

— Toujours constant, M. Duverger?

— Toujours malicieuse, Mlle. Constance?

— Oh! bien sûr, non! au contraire, on ne peut que prendre plaisir à vos succès....

— Surtout si l'on suppose qu'il n'y en a pas....

— Quelle injustice! moi qui n'ai d'autre peine que de voir vos affaires marcher si lentement!

— Vous conduiriez, peut-être, les vôtres plus vite, n'est-ce pas?

— Ah! par exemple, c'est vous qui êtes méchant, là! On voit que vous avez du dépit.

— Du dépit, pourquoi? Il me semble que c'est plutôt vous et d'Alleins qui en avez, vous qui ne voulez permettre à personne d'en appeler de vos décisions.

— Oh! mon Dieu! appelez-en; ce n'est pas moi qui vous en empêche.... On dit qu'en effet, vous êtes très-fort en combinaisons....

— Que ne m'admettez-vous à vos leçons, belle Demoiselle; je serais sûr de mon bonheur!

— Pauvre jeune homme, comme il est tendre! et à la grand-messe, on prétend que vous avez été obligé de vous appuyer contre un pilier! mais il faut que je lui en parle, à cette cruelle! Relever un peu la tête, et regarder les gens, ça coûte si peu.... surtout quand on pense qu'il y aurait là du bonheur en provision pour un an...!

— Mlle. Constance, j'ai le cœur reconnaissant: voulez-vous qu'à mon tour je parle à quelqu'un que vous savez, pour l'engager à être moins timide?

— Allons, vous vous fâchez...... C'est mauvais signe, voyez-vous ? Je serai obligée de lui dire que vous êtes sans patience, un hargneux....

— Oh ! non, dites-lui plutôt que je l'aime.....

— Bien volontiers ! mais, au fait, à qui ? car il y en a deux.

— A celle des deux qui est moins jolie que vous, charmante Constance...

— Adieu, Monsieur, reprit la jeune gantière, en mordant ses lèvres de dépit....

— Adieu, Mademoiselle, répondit Félicien ; et il s'éloigna d'un air moitié moquerie et moitié respect.

Mlle. Constance jugeait, par la piqûre qu'elle venait de recevoir, du mal que ses coups d'épingle avaient dû faire au jeune étudiant. La pensée des disgrâces du pauvre soupirant, la consola du mauvais compliment qu'elle s'était attiré. Mais elle se promit bien de le désoler, et de le diffâmer par le ridicule parmi ses camarades.

Tout cela, pourtant, n'avançait pas les affaires de Duverger, et Mlle. Constance avait presque raison.

D'un autre côté, un fait bien autrement singulier avait mis en jeu toutes les têtes du quartier. Léonce Larivière, en plein jour, avait osé pénétrer dans la maison de Pauline. Mais la plus complète ignorance régnait sur ce qui s'était passé. Mlle. Agathe disait ne l'avoir pas vu ; Pauline disait de même. Il paraît que le jeune homme n'avait rencontré que la grosse Mme. Deigary, qui, après quelques mots d'entretien, l'avait congédié. On avait seulement remarqué, à la suite, beaucoup d'humeur sur les traits de celle-ci.

Et les imaginations de voyager !

Léonce, taquiné à la table, chez Mlle. Constance, partout, se défendait tant bien que mal. Un jour, enfin, poussé à bout dans la grand-salle, en présence de plusieurs camarades et des servantes :

— Eh bien ! voulez-vous que je vous le dise ? Je suis allé demander à Mme. Deigary à quand le mariage de sa nièce avec Félicien ?

— Rira bien qui rira le dernier, répartit celui-ci d'un air peiné !

Les plaisanteries pleuvaient sur lui, et, chose étonnante, il n'y répondait pas.

La vieille Marianne, qui l'aimait comme son enfant, ne le reconnaissait pas à son air d'accablement. Quand ils furent partis, elle vint à lui :

— Pourquoi vous laissez-vous mener ainsi, M. Félicien ? Vous qui savez si bien leur répondre...

— Laissez faire, allez, ma bonne Marianne ; que je sache seulement la chose, et il me la paiera....

— Mais il ne faut pas vous chagriner comme cela....

— Oh ! oui, ne pas me chagriner..... Ce n'est pas pour ce qu'il a dit ; mais c'est qu'il est allé dans cette maison pour Mlle. Agathe, j'en suis sûr, et je ne puis pas savoir ce qui s'est passé...... Marianne, vous m'aimez bien, n'est-ce pas ?

— Oh ! pour ça, oui, M. Félicien ; d'abord depuis la première fois que vous m'avez dit bonjour ; et, ensuite, depuis cette fois du carreau.... Mais comment fîtes-vous donc, pour faire croire à Madame que c'était le chat ?

— Il ne s'agit pas de ça ; mais tenez, faites-moi un plaisir : oh ! vous serez si bonne ! Informez-vous de ce que M. Larivière a dit à Mme. Deigary, sur sa nièce. Il n'y a qu'une seule personne qui puisse le savoir, Pauline. Tâchez de le lui demander adroitement, sans me nommer, vous comprenez ! Mais en lui disant que c'est de la part d'un jeune homme, pour Mlle. Agathe. Et pas un mot à qui que ce soit, au moins ! Eh, ma bonne Marianne ?

— Oh ! bien sûr, M. Félicien !

Le lendemain matin, comme nos jeunes gens allaient partir pour l'université, Duverger descendit, de quatre en quatre, les marches de l'escalier. Marianne l'attendait.

— Eh bien ! Marianne ?

— Je l'ai vue, lui dit-elle rapidement et à voix basse ; elle dit que vous soyez tranquille. Ce n'est pas pour Mlle. Agathe, parce que Mme. Deigary était trop en colère, et qu'elle n'en a pas parlé ; mais le soir, quand elle était seule avec son mari, dans le salon, Pauline l'a entendue qui disait comme ça : si ce n'est pas ridicule ! venir demander une fille de rien, quand il y a des jeunes personnes bien élevées qui sont là ! va, je l'ai arrangé.... Vous voyez donc que ce n'est pas pour Mlle. Agathe....

— Et rien autre ?

— Ah ! j'oubliais ! Elle dit que vous avez tort de ne plus regarder en passant, parce qu'on a fermé les volets. Il faut regarder plus haut....

Dupuis et Chevrier descendaient ; ils rejoignirent Félicien et sortirent.

Bien avant d'être devant la maison de la jeune fille, Félicien leva les yeux jusqu'à la fenêtre blasonnée : la jolie tête de Pauline s'y penchait à l'attendre, avec ses boucles jouant sur le visage. Elle laissa tomber sur lui un regard plein de douces choses , et se retira. Quand ils passèrent devant sa demeure , les traits de l'étudiant affectaient une verve d'humeur. Mlle. Constance , qui craignait ses représailles , riait en dessous , mais ne se risqua pas.

Ils arrivèrent au cours , au moment où commençait la dictée de droit romain.

Une dictée de droit romain , sous l'impression de telles pensées , l'odieuse chose , pensez-vous peut-être ! Combien vous vous tromperiez ! j'en appelle à tous ceux qui ont écrit de la sorte: lorsque certaine préoccupation vive tenait leur esprit en arrêt , qu'ils disent si une force de plus ne s'ajoutait pas à l'activité de leur réflexion ! Comment cela ne serait-il pas ? Au moment d'une dictée , les mains , l'ouïe , les yeux sont captivés ; une partie même de l'esprit , la partie crasse , celle qui veille aux solécismes et aux barbarismes , celle qui suit l'agencement de la phrase latine , cette partie épaisse , le marc de l'intelligence , reste appliquée sur le cahier. Elle est inféodée à une dictée qu'elle ne comprend pas assez pour la saisir , mais cependant assez pour la traduire en écriture. Mais le reste de l'intelligence , la partie fluide et tout éthérée, cette bonne *folle du logis* , comme l'appelait notre plus grand penseur ; l'imagination surnage superficiellement, comme suspendue au-dessus de ce mécanique travail. C'est l'instant de sa vraie liberté. Aussi est-ce , d'ordinaire , celui de ses rêveries. Elles sont longues, souples et capricieuses. Ailleurs, les sens viennent, par leurs distractions, offusquer les idées ; mais là , ils sont trop occupés pour se laisser distraire : ils restent attachés à la glèbe latine , et , jusqu'à la monotonie dn cantilène professoral , tout assoupit leur humenr sautillante , et les séquestre des jeux de l'âme émancipée. Cette exercitation de l'esprit par la captivation des sens , n'est-elle pas un effet général? On a souvent attribué à quelque nature particulière , cette sorte d'agilité qu'acquiert la pensée féminine , et cette vive abondance qui marque habituellement lenrs discours. La cause n'en est pas autre : chez l'homme , le travail est presque toujours dans la tête ; chez la femme , il est dans les soins et les ouvrages d'adresse manuelle: il est dans les doigts. De là il suit que, chez l'un, l'instrument qui a travaillé , se fatigue et s'émousse ; tandis que, chez l'autre , la pensée seule ayant vacance , elle s'ébat dans tous les sens , et se produit par ce qu'on est peu courtoisement convenu d'appeler le caquet.

Mais bien autre était l'élan d'imagination de mon jeune ami , tandis qne sa plume traitait: *de Bonorum possessione edictali aut decretali.* Il se souvenait de cette Pauline qui venait de lui apparaître........ de cette Pauline qui l'avait attendu.. qui avait démêlé l'adresse de ses questions... qui l'avait fait avertir par la même voie.... elle l'aimait donc ! mais bien , mais à ne pas craindre de le lui confirmer ! Elle avait donc compris tous les détours de son amour! Elle était, donc, aussi ingénieuse qu'adorable , aussi alerte à lui envoyer ses pensées , qu'adroite à les recevoir ! Aussi, plus d'abîme qui les séparât, comme la veille ! la veille, comment se joindre? c'était impossible. Maintenant ils pouvaient, à tout instant , se donner invisiblement la main.... et alors cette bonne Marianne lui revenait à l'esprit; il voyait comme un pont jeté de l'un à l'autre , au-dessus de ce torrent de bavardages , de jalousies, d'espionnages , qu'ils entendraient bruïre sous leurs pieds.... et Marianne, de plus, était dévouée , discrète ; elle ignorait même les messages qu'elle échangeait; elle aimerait encore Félicien , alors qu'elle saurait à qui ses vœux s'adressent ; et sous le couvert de cette femme , qui ne devinerait rien , ils échangeraient leurs vœux, leurs sentimens, leurs projets , comme des volans entre deux raquettes.... Et ce Larivière aussi, oh ! ce Larivière qui poussait l'extravagance , jusqu'à demander la main d'une jeune fille qui ne l'écoutait pas ! C'est qu'en effet elle ne l'écoutait pas. .. La preuve en était bien là.... *qu'il soit tranquille*, avait-elle dit.... Eh ! oui, il était tranquille : il fallait bien que ce Léonce fût aux abois, pour aller confier sa ridicule recherche , à la bourgeoise la plus entichée des mérites d'une nièce à marier.... Que ferait-il dire à Pauline ? Combien de milliers de messages à double entente pourrait-il lui adresser? Et sa pensée voltigeait ; et elle errait au-dessus de son cœur , comme une brise qui agite la mer scintillante ; et il nouait ses projets, et il les dénouait, pour les nouer mieux encore ; et cette âme , délicieusement caressée, s'ouvrait à l'espérance , comme une fleur au rayon tiède d'un premier beau jour...!

Et , pourtant, elle était simple la ruse qui lui donnait tant de bonheur ! Les beaux esprits vont souvent chercher bien loin , pour leurs livres , ce qui se trouve , tous les jours , sous notre main. Ils n'imaginent à tromper que d'imbécilles tuteurs , de stupides jaloux en faction : la belle chose ! Félicien , lui, était aux prises avec tout un quartier de curieux , avec une demoiselle de famille qui prenait ses vœux pour elle , avec une tante qui lui donnait la chasse , avec de jalouses matoises postées pour l'épier du matin au soir , avec des camarades au courant de toutes ses actions , avec une maison percée à jour , avec un amour qui désolerait tous ces éveillés flibustiers, avec une bande rieuse où rien ne se perdait et qui disait tout , avec un désespéré qui passait les nuits à soupirer près d'une porte ; et Félicien appelait leur observation , se posait en point de mire : tout simplement , il les blasait à force de flagrant délit ! Et, s'ils veulent faire joindre leurs amans , les beaux esprits , en avant les duègnes, les déguisemens , les valets spirituels à prix d'argent, les barbiers d'intrigue , tous ces engins de roman et d'opéra comique , dont l'or est le levier ! quel triste levier ! Vous aurez beau être jeune, entreprenant, alerte, aimé et digne de l'être : eh bien ! tout cela n'est rien , si vous n'avez encore l'argument des sots ! Le succès est là : ayez de quoi payer , vous serez le plus heureux des hommes ; que cette qualité vous manque , vous vous morfondrez sur le pavé. Mon Dieu , mais c'est réduire l'amour le plus pur aux conditions d'un mauvais lieu ! Que de pauvreté dans cette richesse, et comme ce gentil Félicien était plus riche , lui , simple étudiant, sans argumens de corruption ; comme il était plus adroit , lui qui , s'il les avait eus , eût été gauche et incapable de s'en servir ! il était l'artisan de ses ressources ; aussi comme tout lui revenait bien ! il avait été gracieux pour une bonne vieille servante , et l'affection de cette femme le lui rendait ; il avait employé son esprit , un jour , à la tirer de peine , et , sans y rien comprendre , cette bonne âme allait l'assister à son tour ! On ne sait pas ce qu'un peu d'affabilité vous fait recueillir quelquefois de zèle. ... que c'est mesquin de ne croire qu'aux vues intéressées des inférieurs, jamais à la chaleur de leurs efforts ! Le chemin de l'amour est pavé de bonnes paroles ; et Félicien avait eu bien raison de faire fond sur ce dévoûment si peu clairvoyant !

Le soir , ils étaient tous au billard du café d'Apollon : la table jouait une poule.

Félicien , sans être très-habile , jouait , cette fois , d'un bonheur extravagant. Il venait d'*achever* le long Chevrier. Négligeant de serrer son jeu , il s'amusait à doubler les billes les plus bizarrement posées. Chacun sait qu'il est de ces jours où , parce qu'on sera gai ou en train, tout vous réussit avec un hasard insolent. Il ne restait plus que Larivière , Larivière qui tirait sur Duverger depuis le commencement de la partie , sans jamais le *faire*. Il frappait le parquet de sa queue , et maudissait les billes , les bandes et le tapis.

— Seul à seul enfin , lui dit Félicien ! tiens , pour commencer , que penses-tu de ce *bloc* ?

En même temps , la bille de Léonce , frappée d'un choc décidé , sillonna la diagonale du tapis , et rebondit avec fracas au fond de la blouse ; tandis que celle de Félicien , fixe au milieu du billard , pivotait encore sur son point d'appui , comme sur un axe.

Rien ne dépite comme une bille *nommée*. Il semble qu'on se moque de vous !

— Allons ! il veut gagner son dessert de noces , s'écria Léonce , c'est évident !

— Demi-poule , mon ami , si tu veux ?....

Nous ferons les deux noces ensemble , allait-il ajouter ; mais , générosité ou prudence , il se retint.

—... A une condition toutefois , continua-t-il : tu me céderas moitié de tes bonnes fortunes ?

— En échange des tiennes , par hasard ?... Ce n'est pas l'embarras ; si , après , on continue à fermer les volets comme à présent , ce sera une occasion rare d'adorer ta prétendue.

— Mon cher , je joue cartes sur table , moi... prétendue et maîtresse, je nomme tout à mes amis.

— Oui , et belle la partie ! pour caramboler de l'une à l'autre , il se perd sur la première.....

— Ne dirait-on pas qu'il est si fameux , lui ?

Dans ce moment , c'était le tour de Léonce. Duverger lui avait donné l'*acquit* d'une manière si étourdie, que la bille était presque sur la blouse de droite. Il ne voulut pas la toucher , et s'accouda sur l'angle du billard , attendant le coup.... Léonce , qui s'était long-temps appliqué , lâche enfin la queue : mais, déconcerté par Félicien , il avait pris *trop peu de bille* ; celle de son adversaire donna sur le coin de la bande, et n'entra pas; la sienne , revenant par un angle , arriva mollement jusqu'au bord de la blouse gauche du *camp* , hésita un instant et s'y perdit....

— Je crois que c'est comme le soir de tes trois rendez-vous , Léonce? tu râtes tout....

Le malin étudiant , en disant cela , restait accoudé à son coin de billard.

— Il est vrai que tu n'as pas râté un certain rire , toi , l'autre dimanche , à la grand-messe ?

— C'est possible....

— Et qu'elle ne te regarde pas , par ricochet , sur les piliers ?

— Possible encore....

— Et que tu n'as pas eu la double finesse de l'aborder pour lui parler d'Agathe, pigeonneau ?

— Oh ! pour celle-là, non ! apprenez, Monsieur, que je sais mieux ce que j'ai à dire.

— C'est pour cela qu'il y a eu des rires sur ton compte, dans toute la rue, quand elle a rapporté ta harangue : « Mademoiselle, (le contrefesant) il y a dans votre maison une jeune personne que j'adore, oserai-je vous prier de lui dire.... »

— Allons donc, elle vous a donné le change ! vous ne voyez pas qu'elle est plus rusée que vous ? comment ! elle aurait dit cela ? mais, alors, il serait prouvé qu'elle m'aime ! vois un peu si, pour toi, elle a pris tant de détours, Léonce ? D'ailleurs, j'en appelle à vous, Messieurs : moi si ardent, si passionné, est-ce à croire que je lui aie fait une phrase pareille : *Mademoiselle.... il y a dans votre maison....* mais je n'ai pu dire ça, c'est stupide !.... *une jeune personne...* comme c'est joli ! et ce *que j'adore*, oh ! ce *que j'adore* est adorable ! oui, n'est-ce pas ? je serais assez simple, assez Larivière, pour lui roucouler que *je l'adore !* c'est bon en style de nocturne, quand on dit : ô déité, jeune personne que j'ai pourchassée tout le jour, je veille sous ta croisée depuis le coucher du soleil jusqu'à son lever ! étoile de mon cœur, je ne puis me lasser de te contempler, même quand tu dors ! brise rafraîchissante, descends dans les replis de mon cœur, comme le mistral dans ceux de mon manteau ! je t'adore de toute la fatigue de mes jambes, de tout le grelottement de mes reins, de tout le torticolis de mon cou.... Eh bien ! Messieurs, voilà où le *que j'adore* est bien placé ; mais vous sentez que, malheureusement, je ne suis pas de cette force : je lui ai dit seulement : Pauline, ô Pauline....

Les éclats de rire interrompaient le pathétique dialecticien.

— Eh ! sans doute, ô *Pauline* ; connaissez-vous rien de plus expressif, de plus tendre, de plus...

Les rires redoublaient.

— De plus hors de votre portée, tas de corps sans âme ! vous ne savez pas les joies ineffables de l'amour, vous ne savez rien sentir. Heim ! Larivière ?

— Il me semble que ta poule n'est pas encore gagnée, jeune homme sentimental, dit gravement Chevrier.

— Tiens, c'est vrai, mais ce sera bientôt fait.

Quand Félicien s'enivrait ainsi de gaîté, un redoublement d'activité pré-

cipitait son sang ; il n'était plus que machinalement au jeu : à son tour ,
il manquait tout et extravaguait davantage... ce fut Larivière qui gagna
la poule.

— Fiche de consolation, lui dit son antagoniste en jetant la queue sur
le tapis : heureux au jeu...

Il avait bien assez de son bonheur de ce jour, lui ; je crois qu'il eût été
fâché d'avoir gagné.

Les messages cependant se succédaient avec vitesse. Les paroles d'a-
mour partaient, et revenaient plus douces encore , par l'hésitation qui les
accompagnait. — Quand pourrait-il , enfin , lui parler, fesait-il demander
à Mlle. Agathe ? —Mlle Agathe fesait répondre qu'elle tremblait de l'aimer
ainsi... mais qu'elle ne se jouait pas ; qu'il se fiât bien à elle. — Ne prenez
aucune garde aux propos du voisinage , lui fesait-il recommander : plus
ils disent , moins ils savent.... — Mlle. Agathe vous croit , lui rapportait
Marianne empressée ; elle dit que , quoiqu'il arrive, elle se repose sur vous.
— Une autre fois , c'était Félicien qui recevait le premier message : Mlle.
Agathe a cueilli cette marguerite pour vous ; elle vous prie de la lui garder
jusqu'à ce qu'elle vous la redemande. — Puis c'étaient leurs heures de sortie , les nouvelles intérieures de la maison, leurs promesses de rendez-vous,
toujours vagues , toujours lointaines , et cependant toujours persuasives ,
qui s'envolaient d'une bouche amoureuse à l'autre , sans laisser de trace
indicative , chez la bonne messagère qui les transmettait. — Cinq minutes
à votre porte, demandait-il avec prière ? — Impossible , fesait-elle répondre,
je n'aurais jamais la force de l'essayer. — Mais alors , jamais ?... — A la
fête du Tholonet, oserez-vous me faire danser ? — Oui , et vous , à la fête
du Tholonet , oserez-vous paraître avec un gage de mon amour ? — Oh !
oui , quoi que ce soit, j'en serai fière , je vous le promets. — Et la première
contre-danse pour moi ? — La première et jusqu'à la dernière , s'il se pouvait ! — et toujours le nom de Mlle. Agathe , mêlé à ces paroles , assortissait
le sens pour l'une et l'autre jeune fille , qu'une destinée si différente confondait dans la même maison.

Oui , ce gage qu'elle avait accepté pour s'en parer aux danses du Tholonet , c'étaient bien ces *Boucles d'Oreilles* dont j'ai fait le titre de cette histoire , aussi simple qu'elles. En effet , le premier dimanche de mai, qui ap-
prochait, était celui de la fête désirée. Combien de discours nous épuisâmes
avant de nous décider ! si le joaillier de la rue de l'Official se souvient de
deux jeunes gens préoccupés , indécis , qui , après avoir fureté dans tous

ses vitrages, s'arrêtèrent à ce choix ; c'était bien nous. Une boucle en or et une seule turquoise, son pendant en couronne et sa couronne de turquoises, c'était tout. Pourquoi dis-je *or* et *turquoises* ? il semblerait que c'était quelque chose, et ce n'était, en vérité, qu'un bijou de rien ! Mais il nous plaisait, car il était joli comme une couronne de bluets. Ce n'était donc rien, et j'affecte de le redire pour ces hommes qui seraient émerveillés si je leur décrivais un diadème, et qui se détourneront, peut-être, avec dédain, de mes pauvres boucles d'oreille, parce qu'il n'y sera pas entré assez d'orgueil. Oh ! qu'ils le gardent tout, leur orgueil : ils ne comprennent pas que leur amour, à eux, se fait or et pierreries, tandis que les pierres et l'or de mon Félicien se fesaient amour !

Et la fête était là… qu'elle est fraîche cette fête ! un beau château, aux longues ailes inhabitées ; d'épais ombrages de maronniers, de peupliers et de platanes ; une pelouse émaillée, un ravin déchiré, des touffes de rosiers fleuris, des canaux où le nénuphar s'entrouvre, ce n'est encor rien : à côté, la roche abrupte, avec le pin qui s'y balance, et les airs embaumés de thym qui en descendent ; à côté encore, un mur au ciment de Rome, grand comme les deux montagnes qu'il joint, puissant assez pour retenir un lac ; mur, jeune après ses deux mille ans, qui a défié le temps, le torrent, et jusqu'à l'acier : aujourd'hui quand on démolit, c'est le mortier qu'on attaque; là, le ciment est devenu pierre; et, pour ouvrir un passage, ce n'est pas la pierre de ciment, c'est la pierre granitique qu'on a pu seule attaquer. Et, au-delà, c'est une rivière suspendue; et au-dessus, c'est la croupe de ce mont qui tient son vieux nom d'une victoire, et qui redresse sa cime ravagée, avec son vieux couvent en ruines, et les mystères caverneux de son *garagay* plein de préjugés et de terreurs !

C'est là qu'Aix vient danser, au plus beau jour de l'année. Voitures, cabriolets et charrettes, tout s'y entasse, les brancards en l'air. Les chaises-à-porteurs seules font défaut. La jeunesse y est toute, et cette jeunesse, sortie un instant de la contrainte qui étouffe l'aristocratique ville, respire à l'aise sous ces ombrages, comme le pauvre oiseau délivré de la cloche pneumatique, qui bat des ailes et fait frémir tout son plumage par les mouvemens répétés de son cœur.

— Tenez, dit la veille, Félicien à Marianne ! Ceci est pour elle.

C'était une petite boîte ovale, cachetée avec soin, et qui renfermait, entre deux duvets, la parure du lendemain.

Mon Dieu, qu'il était heureux ! demain, me disait-il, ils seront tous là ;

.e] ils la trouveront si jolie . qu'ils viendront, de dépit, me persiffler encore. Oh ! demain, je me laisse tout dire , demain je boirai leurs moqueries ; à chaque sarcasme , je me dirai en moi-même : eh ! pourtant, ces boucles d'oreilles viennent de moi !

Le dimanche au matin , Félicien était prêt à partir , quand Marianne interdite entra dans sa chambre :

— Monsieur Duverger , je n'y comprends rien : Pauline a ouvert la boîte, elle l'a trouvée bien jolie... mais ensuite elle m'a dit : prenez ça, Marianne, je ne puis me charger de cette commision..... elle me l'a rendue, la voilà !

En même temps , Marianne lui présentait la boîte décachetée ; il était consterné.

— Tenez, reprit-elle vivement , puisque vous en avez tant de peine , je tâcherai moi-même de la remettre à Mlle. Agathe ?

— Gardez-vous en bien, s'écria le jeune homme, et il saisit la malheureuse boîte....

— Adieu , Marianne ; merci toujours ! je pars pour le Tholonet.

§

Maintenant que vous connaissez Félicien , vous devez concevoir ce qu'il éprouva, en reprenant son gage refusé. Les meilleurs sentimens , lorsqu'ils rebroussaient en lui , y rentraient avec amertume , avec du fiel. Eh quoi ! se jouer de tant d'amour ! toujours des promesses éludées ! comment n'avait-elle pas eu pitié d'une confiance si crédule ? lui protester qu'elle serait heureuse de tenir de sa main quelque chose , et, quand il l'offrait, lui tout renvoyer !... Oui , oui , il allait au Tholonet, mais non pas pour se faire le jouet d'une coquetterie exécrée , mais pour la voir , pour la bien regarder, cette Pauline tant aimée , et pour lui rendre en dédain tout ce qu'elle lui avait inspiré d'amour !

Ces pensées amères , qu'aigrissait encore le souvenir des bonheurs rêvés pour cette fête , accompagnèrent Duverger jusqu'au Tholonet. Hélas ! tout y grimaçait à présent pour lui ; il eût pris en haine les jeux, les tambou-

rins, la gaîté, tous ses camarades, et jusqu'à moi-même, le confident de
sa dérisoire adoration....

Pauline arriva. Elle était auprès de la nièce et de la tante : elle prit mo-
destement une place, non loin des danses. De temps en temps, elle portait
les yeux autour d'elle ; je vis bien qu'elle cherchait. Mais personne ne paraissait. Quand je dis personne, je veux dire que Félicien ne s'était pas
approché d'elle ; car une foule de jeunes gens s'étaient empressés d'accourir,
et elle avait répondu qu'elle ne danserait pas encore.

On a tort de médire du bal. Comme saltation, il peut ne pas plaire ; et je
sais, en effet, beaucoup de gens d'une science infinie et d'une philosophie
transcendante, qui ne conçoivent pas comment on peut s'amuser à sauter
ainsi, l'un devant l'autre, avec des simagrées réglées à la cadence du
violon. Leur haute raison ne descend pas à deviner que si la danse est tant
aimée, que si toute la jeunesse s'enivre à la mesure, ce n'est pas la danse
qui le fait, mais bien quelque chose autre, qui, pour eux, les philosophes,
est lettre-close bien plus que la danse et que le bal ! La danse, c'est le
tête-à-tête légitimé. Notre pauvre société, toute bardée et *hallebrénée* de
morale, a bien senti qu'à force de liens et d'entraves, elle finirait, si elle
n'y prenait garde, par faire éclater son ouvrage. Elle a donc fait pour l'expansion du cœur, ce que fait, pour l'expansion de la vapeur, une science
avisée : elle lui a ménagé sa soupape de sûreté : le bal. Du moment qu'il
fallait une issue à la sensibilité qui s'accumule en nous, elle a mieux aimé
la pratiquer de ses propres mains, et elle a dit: puisqu'il est nécessaire
que le trop plein de l'âme s'échappe, ce ne sera pas dans des rendez-vous
obscurs et mystérieux, mais au soleil ou aux flambeaux et à la face de tous.
Et, comme ces rapprochemens, pendant lesquels l'entretien allait être
sans contrôle, avaient au moins besoin, pour se faire contenance, d'un
prétexte de plaisir qui les justifiât, on déguiserait le charme du cœur sous
l'amusement de la danse : tout haut, on pourrait dire qu'on est idolâtre de
la danse ; et, tout bas, on sentirait bien qu'on n'est ivre que d'aimer.
Heures d'exception, liberté rapide, qui fuit avec la mesure, et que le
temps est quelquefois si lent à ramener ! C'est pourtant ce que sacrifiait
Félicien, avec toute l'âcreté d'une âme ulcérée, tandis que, près de lui,
le bonheur était là ! délice amoureux qu'aucune puissance, à cette heure,
ne pouvait troubler dans sa confidentielle indépendance, et qu'il laissait
s'envoler à tire-d'aile, lorque seulement quelques pas vers la gracieuse
fille qui l'attendait, suffisaient pour le lui assurer !

Un moment Félicien s'était rapproché : elle avait cru qu'il venait la prier pour la danse ; et, naïvement, elle avait déjà fait effort pour ne pas paraître troublée, quand il lui parlerait. Mais il ne lui avait jeté, au passage, qu'une de ces furtives expressions de figure, par lesquelles l'homme qui a la torture au cœur, s'arrange pour la concentrer, toute poignante, dans la fixité de ses yeux. Mon Dieu, il devait bien souffrir, car il fut bien dur ! elle le suivit des yeux, autant qu'elle pouvait l'oser. La pâleur qui abattit bientôt l'éclat de ses traits, me prouva qu'elle avait tout compris. Comme elle est à plaindre, une jeune fille, quand elle s'attendait à la joie de quelques douces paroles long-temps soupirées, et qu'elle ne recueille, désolée, qu'un ironique et glacial refus ! elle n'avait pu se décider à recevoir un bijou promis ; mais était-ce donc si mal de n'avoir pas eu ce courage ? elle, bien qu'elle tînt à ce que lui offrait Félicien, s'en était trouvée contente ; elle s'était rassurée, en pensant qu'il l'en estimerait davantage... Qu'avaient-ils donc besoin de gages, lorsque le gage pouvait être dans leurs voix et dans ce qu'ils échangeraient tout bas ? Confiante, elle était donc venue sous ces beaux arbres, l'âme remplie d'espérance.... et voilà que, tout-à-coup, à cette place où tantôt elle l'attendait encore, tout son rêve se déchirait ! lui, du moins, avait la colère pour le soutenir ; il avait prise sur sa vengeance ; mais elle ne pouvait ni le maudire, ni le supplier ; elle ne pouvait pas même pleurer ! elle resta donc sur sa chaise. Ne pouvant parler que par la résignation de sa douleur intérieure, elle refusa tous les danseurs. Elle paraissait s'amuser au spectacle des plaisirs auxquels elle refusait de prendre part.

Félicien, cependant, passa et repassa plusieurs fois, sous le bras de ses amis. Il était d'une gaité froide, qui ne ressemblait plus à son enjoûment des autres jours. Quand il riait, il me semblait qu'il profitait du semblant d'hilarité marqué par son visage, pour y faire vite passer toute son aigreur. A deux reprises, quand nous nous trouvâmes seuls, et qu'il me retraça brièvement la cause de sa colère, je le sentis chanceler dans sa résolution, et se laisser aller vers la place de la danseuse qui refusait tous les cavaliers ; mais, tout de suite, des souvenirs réveillés de bien loin, étaient venus à la traverse :

— Non, non, assez de ces caprices qui m'ont martyrisé !... je me mettrais à deux genoux, je demanderais grâce à cette infâme coquetterie qui me promet et qui me joue toujours, je la supplierais, les mains jointes, de ne plus me tromper, que demain ce serait de même encore !...

Il se détournait, alors, avec affectation, pour faire entendre que tout était bien fini.

Pauline, en toilette de bal champêtre, refusait toujours. Nos jeunes gens s'impatientaient. Trois fois Léonce était retourné à la charge, toujours en vain.

— Qu'a-t-elle donc de refuser tout le monde, s'écria-t-il, avec dépit ? C'est qu'aussi, Félicien, tu ne l'invites pas....

Le mot de Larivière n'était qu'une raillerie ; mais une réflexion de plus sur l'étrange froideur de Duverger, pouvait rendre ce mot sérieux... Un instant, celui-ci fut tenté de répondre qu'on disait la jeune fille fiancée à un étudiant, et que, dans ce cas, l'usage était de ne plus danser...... Il se retint, pensant que ce serait plutôt une représaille qu'une bonne défaite. Or, il était résolu à se détacher de Pauline, mais non à trahir un mystère passé :

— Eh bien ! Messieurs, maintenant qu'elle vous a tous refusés, je vais l'engager, moi ! je danserai avec elle, et ensuite je veux bien la presser de ne plus résister à vos vœux.

— Blagueur ! nous t'en défions.....

— Je réussirai....

— Parions que non !

— Je parie que si !

On paria des glaces à prendre, au retour, chez Dol.

— Eh ! qu'attends-tu ? va donc !

— Un peu de temps, Messieurs, reprit-il comme s'il était embarrassé de son audace ! j'ai besoin de savoir ce que je vais dire....

Il prit mon bras, et s'achemina lentement vers la jolie grisette.

— Qu'allez-vous donc faire, Félicien, lui dis-je ? êtes-vous fou ?

— Non, mon ami ; je suis malheureux, mais je ne suis pas fou.

Passant près de Pauline, il sembla chercher à prendre de l'aisance pour l'aborder ; puis comme si la timidité l'eût emporté, il continua d'un pas pressé, et s'éloigna....

Le groupe rieur observait de loin. Ils l'interpellèrent tout déconcerté :

— Sais-tu que tu te présentes avec grâce ?

— Dis donc, pour laquelle t'a-t-on promis ?

— Est-ce maintenant qu'on peut aller l'engager ?

— Félicien, dit Chevrier, je t'avertis que je la veux *framboise* et *citron*.

— Moi tout *moka*, reprit Léonce !

— Moi *pêche molle* , eh ! Félicien , ajouta d'Alleins ?

— Un moment, vous dis-je , leur répondit le parieur ! je n'ai pas encore abandonné la partie.....

Mais, en soutenant le propos , il paraissait plus décontenancé que jamais.

— Tu n'es qu'un archi-blagueur , recommença de plus fort Emile.

— Ça n'ose pas seulement aborder une grisette, et ça parle, reprenait Larivière !

— Mais c'est pourtant bien facile , ajoutait le goguenard Chevrier : il n'y a qu'à lui répéter ta phrase de l'autre jour : Pauline , ô Pauline....

Félicien se laissait humilier.... puis, à la fin , comme s'il eût rassemblé tout son courage :

— Il ne sera pas dit que j'aie perdu sans combattre.... vous allez voir *!*

Il se remit donc à marcher vers elle ; quand , enfin, il s'approcha de Pauline , il s'inclina dans une attitude qui affectait la bonne contenance :

— Mademoiselle , je vous prie de me refuser toute contredanse.... c'est la seule preuve d'amour que j'aie encore à vous offrir....

Pauline fit , de la tête , un simple signe négatif, comme pour dire : je vous remercie , je n'ai pas le projet de danser ; mais d'une voix altérée :

— Que vous ai-je donc fait, Monsieur Félicien ?

Elle fesait cette question comme une réponse , sans paraître attendre qu'il répliquât.

— Rien , Mademoiselle , oh *!* rien , et la preuve c'est que je me sens léger à cette heure comme si je n'avais jamais songé à vous *!*

Il disait cela avec la manière de corps d'un danseur pressant qui se désole de ne pas obtenir la faveur qu'il sollicite.

— Eh bien *!* Monsieur , nous ne danserons pas.

Et elle détourna , aussitôt , la tête , pour n'avoir plus à soutenir son regard.

L'emportement de Félicien expirait à ces tristes paroles ; mais il n'était plus temps ; il fallait rompre cet entretien téméraire.

— Oh *!* pardonnez-moi , lui dit-il , d'un accent suppliant et brisé.

En même temps il la saluait pour se retirer. Elle , d'une voix effacée qui n'émut pas même ses lèvres :

— Oui, Oui *!* et elle rendit froidement le salut, en se hâtant de rapprocher sa chaise de Mademoiselle Agathe, afin d'éviter à l'avenir de pareilles obsessions.

Duverger n'avait pas besoin d'affecter le chagrin ; il l'avait au cœur. L'amour , en y rentrant , venait d'y amasser tant de peines et de regrets ! Il lui fut bien aisé de revenir sur ses pas d'un air contrarié.

Et aussi , les observateurs , ses camarades , lui laissaient–ils peu de peine : à leur point de vue , la scène avait offert un tout autre aspect. Ils avaient vu Duverger s'avancer en présomptueux , et recevoir un refus ; puis insister avec des supplications , et ne pas même en recevoir un second , car Pauline avait détourné la tête.... et , à peine l'avait–il quittée, qu'elle s'était rapprochée de sa compagne , marquant ainsi l'humeur que tant d'insistance lui avait-donnée. Evidemment , Félicien en était pour ses frais.

— *Citron et framboise* , lui cria Chevrier de dix pas !

— Hélas , oui , mais n'importe ; pensez en ce que vous voudrez ; je ne me rebute pas !

Cette journée fut fatale à la réputation de Félicien , comme jeune homme à bonnes fortunes. On le traita en étourdi , qui gaspillait ses prétentions en bavardages ; n'ayant ni tact , ni suite , ni chances surtout ; mais seulement de la chaleur de tête ; et ses amis disaient: c'est dommage , car il serait gentil !

Le soir , on prit ses glaces , en l'assurant qu'elles étaient excellentes. Chevrier , surtout , savoura son mélange de *citron* et de *framboise*. Larivière , aussi , se délectait.

Qui de nous n'a subi , dans son sommeil , quelqu'un de ces songes douloureux , marqués par les plus désolantes peines du cœur ; non pas de ces songes d'épouvante , où le pied vous glisse au bord d'un abîme , où vous êtes obsédé par de dolentes images , par des figures qui ont des tristesses et des hideurs à vous glacer ; non , pas de ceux-là ; mais de ces songes où un objet aimé vous est ravi , où quelque chose de fatal , la mort , l'oubli , s'est interposé entre vos joies et vous , et qu'il ne vous reste plus qu'à vous lamenter : les longues et cruelles nuits ! Ces rêves sont surtout accablans , en ce qu'ils ressemblent à la réalité. Les choses de stupeur , du moins , vous réveillent en sursaut ; mais les choses d'affliction sont si familières à notre nature , elles sont si bien tissées dans notre destinée à tous , qu'il n'y a pas de quoi se réveiller en sursaut. Elles martyrisent notre sommeil , sans l'interrompre; et l'âme endormie se croit , dans ces momens , trop bien de ce monde , pour songer à s'y réfugier. Il y a de ces instans , alors , où , du milieu de ces erreurs éplorées , du fond du sommeil , on s'interroge avec une lueur d'espoir ; on se dit : si c'était un rêve ?.... mais non, répond-on tristement, ce n'est pas un rêve; c'est bien vrai... et l'on retombe avec une certitude nouvelle , comme avec un poids de plus , dans ce songe dont on voulait se soulever... Oh ! béni soit l'instant où un rayon du jour, une voix subite, ou quelque chose enfin qui vous tend la main, vient à votre aide ; car je ne sais rien au—dessus de l'exanimation de tels songes , si ce n'est la consolante félicité du réveil. Comme on attache les yeux à ce rayon de lumière , pour s'assurer que vraiment il luit ! Comme on recompose ce bruit entendu , pour le faire résonner intérieurement à l'oreille , et se bien convaincre qu'il a retenti ! Vous savez le malheureux qui se noie, quand sa main se cramponne à une corde : comme il la serre , comme elle s'y crispe ! Mais là , c'est une lutte encore, et cette vague énergie tient plus du besoin furieux de vivre , que du bonheur de sentir : tandis qu'au sortir du sommeil dont je parlais , la lumière et le bruit sont déjà la vie sauve ; et que l'âme a seulement à démêler , à la hâte, le vrai du faux , la réalité consolante des impostures qui la souillaient !

Eh bien ! pour la triste Pauline , suffoquée par les dédains et la sombre dérision qui la poursuivaient , ce rayon , ce fut le regard suppliant de Félicien ; ce bruit , ce fut cette voix aimante qui lui disait : oh ! pardonnez-moi ! elle se le répétait à elle-même , elle se l'écoutait redire , elle en sondait tout l'amour , elle en buvait toute l'ivresse. Je raconte ces choses , sans qu'elle les ait dites à personne au monde ; mais j'en suis sûr , car je vis , sur cette figure en apparence indifférente et inoccupée , je vis errer fugitivement tant d'ineffables expressions de félicité , qu'il était aisé de comprendre tout ce qui se dérobait dans les replis de son âme, par les éclairs qui , malgré elle , s'en échappaient , comme d'un nuage trop chargé. Je la suivis bien long-temps encore ; je me plaisais à contempler cette taille assouplie par le bonheur ; je l'observais foulant le gazon d'une pression passionnée , comme si , jusqu'avec ses pas , elle eût voulu marquer l'empreinte de ce doux instant de sa vie : et il était doux , en effet , car à la colère , à l'ironie , au désespoir d'une journée d'amour perdue et d'une tendresse modeste traînée sous le pied , avait succédé la prière la plus amoureuse, la plus expressive , la plus abandonnée qui se pût désirer jamais : il s'était penché vers elle , non pour excuser , non pour oublier , mais comme il se fut jeté à ses genoux s'il avait pu, avec ces seuls mots : oh ! pardonnez-moi ! Si elle lui pardonnait.... ! Eh ! plutôt, elle lui rendait grâce, car aucun entretien de danse ne lui eût donné , avec ses plus mélodieuses paroles , ce que cette colère et ce regret lui avaient laissé....

Et aussi comme ce site, au déclin du jour, devenait de plus en plus harmonieux! Il faut voir, au milieu de notre Provence qu'on fait si désolée, il faut visiter ces asiles de fraicheur, de grâces et d'énergiques contrastes. Ailleurs, l'ombrage est aussi épais et la pelouse aussi fraîche, oui; mais ailleurs, il n'y a pas, pour dominer cet ombrage et se suspendre sur ces gazons, de gigantesques roches granitiques, tantôt grises, tantôt rougeâtres, dont les crêtes desséchées, nous rappellent toutes les ardeurs dont la vallée se plaît à nous protéger ; il n'y a pas ces arbres altérés de soleil, ces longs trembles en pinceaux onduleux, ces platanes élancés, ces maronniers noueux, ces beaux peupliers d'Italie aux branches d'un blanc annullaire, qui se disputent les rayons vivifians du ciel, et se grandissent les uns au dessus des autres, comme autant de spectateurs avides ; il n'y a pas cette voûte d'un azur si transparent, que la pensée et la vue s'y enfoncent avec délices, tandis qu'elles s'égarent dans les clartés brumeuses et hésitantes du nord ; il n'y a pas ces parfums des résines de la montagne et des fleurs de la vallée, qui s'exhalent aux étreintes de notre chaude nature, comme un bouquet de violettes gardé sur le sein; non, ailleurs, il y a de la fraîcheur détrempée, de l'ombre humide, des fleurs telles qu'on les conserve dans les vases, le pied dans l'eau ; il y a des pelouses sans fin, un bien-être plat, une richesse monotone; rien qui vous dise : la zone torride est là, l'oasis est ici; rien qui vous dise : il y a deux mille ans, la main de Rome a fait cela, et nous autres nous passons ici. Ville de droit romain, où le nom de son fondateur, ses eaux thermales, ses souvenirs guerriers contre la barbarie, ses monumens de prévoyance agricole, tout vous parle de cette grandeur éteinte, dont les vieilles lois sont encore vénérées, sans empire et sans sujets ! vallée enchanteresse, qui a ses charmes heurtés, aussi bien pour la jeune fille qui ne savait que l'histoire de son cœur, que pour le jeune homme que frappaient, à la fois, les choses lointaines du passé, et la vie palpitante de ce cœur !....

Depuis ce jour, Félicien n'avait plus parlé de ses boucles d'oreilles. Le plaisir qu'il s'était promis à les donner, ne valait pas la peine qu'elles lui avaient coûtée. Il s'était résigné avec un vague regret qu'il chassait bien vite par la pensée de ce charmant amour qu'elles représentaient pour lui. Il leur avait fait une place parmi ses choses les plus précieuses : c'est là que la boîte, souvent rouverte et considérée en cachette, reposait, attendant de meilleurs jours.

L'échange des messages recommença donc : promesses, protestations, espérances, ce fut comme par le passé; mais autant l'imagination est prompte, autant est lente l'occasion ; et toujours elle fuyait devant eux !

Cependant un nouveau danger grossissait.

L'opinion que Félicien était parvenu à répandre , parmi ses camarades , sur la réalité de ses disgrâces , était une bulle de savon qu'un souffle pouvait briser. S'il eût passé pour un caractère persévérant , on eût conçu , de sa part , une ténacité , même vaine ; mais léger comme on le savait, ne devait–il pas se rebuter ? et cependant, on le voyait effrontément persister : c'était bien long pour une plaisanterie ! c'était bien soutenu pour un amour malheureux !

Un jour, au cours de l'université , une conversation entre Dupuis et Chevrier , me révéla ce danger.

Félicien répondait à des *interrogats* , sur les pécules *castrens* , *quasi-castrens* , *profectiles* et *adventices* ; ses réparties étaient promptes et judicieuses.

— Je ne comprends rien à ce Duverger , dit Dupuis; il est tapageur et turbulent comme personne , et , ici , le voilà tout cousu de latin.

— J'y comprends qu'il est plus sérieux que nous ne croyons. Je gagerais qu'il se moque de nous.

—Mais en quoi ? tu le prends donc pour un piocheur honteux ?

— Non , mais pour une tête qui réfléchit et pour un amoureux qui se cache....

— Comment donc ?

— Il fait trop de farces avec sa Pauline ; il y a quelque chose là-dessous.....

—Ma foi , s'il n'y a pourtant que ses contre–danses du Tholonet et ses œillades à la vitre , il me semble que ce n'est pas puis tant !

— Et c'est là ce qui m'intrigue : si je voyais plus de succès , je concevrais; mais tant de patience pour si peu de profit , ça n'est pas naturel... Il nous joue , mon cher , avec ses bouffonneries...

J'écoutais en redoublant d'attention. Je m'accoudai avec nonchalance , en leur tournant le dos , de manière à bien prêter l'oreille.

— Alors , tu crois qu'il nous donne le change ? mais pourquoi ?

— Ah ! c'est ce que je ne sais pas... pour Mlle Agathe c'est une charge; mais pour une autre , ma foi , il se pourrait bien ; à moins que ce ne fût pour Pauline elle-même.....je te dis qu'il en parle trop , et d'ailleurs.....

Le malheur voulut que l'*interrogat* passât à moi.

— *Quibus casibus*, me dit M. Bernard, *peculium adventitium totum acquiritur filio ?*

Je fus étourdi de la question, vers laquelle je ne parvenais plus à ramener mon esprit. Mais Duverger, tout chaud de ses réponses, s'accouda vers moi, comme je l'avais fait vers mes deux camarades, et, la main sur la bouche, me souffla :

— *Quatuor*.....

— *Quatuor casibus*, répondis-je, *scilicet*.... (j'allongeais autant que je pouvais.)

— *Si pater renuntiat*, ajouta Félicien.

— *In primo casu*, repris-je, *si pater ad hœreditatem a filio aditam renuntiaverit; in secundo casu quùm bona quœ in peculium adventitium cadunt*.... eh ! le second ?

— *Eâ lege data sunt*, me glissa mon ami.

— Ah ! oui... *si bona in peculium adventitium cadentia donata sint filio*...

J'entendais, derrière moi, l'entretien continuer, et Chevrier dire : laisse-moi faire, je pense à un moyen...

— Mais répondez donc, insistait Félicien, du coin de la bouche : *eâ lege data sint.*

J'achevai la réponse.

— *Tertiò*, souffla-t-il encore précipitamment, *si pater et filius coheredes*.... *quartò, si pater dolosè gerit*....

— Enfin, je m'étais remis au sujet ; je m'en tirai tant bien que mal. Dix heures sonnèrent. Duverger me demanda si j'avais perdu la tête ?

— Au contraire, il est instant que je vous parle, lui dis-je.

Mais Dupuis et Chevrier s'en emparèrent. Il me fut impossible de le tirer à l'écart. J'y renonçai pour le moment.

— Je m'étais séparé d'eux, et je passais place de la Miséricorde, quand d'Alleins, dont le cours de *procédure* n'était pas à cette heure, m'appela du comptoir de mademoiselle Constance, sur lequel il s'appuyait sans façon :

— Sais-tu, mon cher, que ton jeune et timide ami, est un fin compère ?

J'écoutais avec inquiétude.

— Fais-moi le plaisir de lui dire, ajouta-t-il, qu'il n'est pas encore assez fort en stratagêmes; il nous prenait pour des simples !

— La raison ?

— La raison ! et ces amours d'étalage, comme s'il n'était pas visible qu'il travaille en dessous !

— Voilà aussi pourquoi, dit à son tour mademoiselle Constance, il se prêtait de si bonne grâce aux moqueries des uns et des autres ! afficher ainsi cette pauvre Pauline, mais, monsieur, savez-vous que c'est affreux ?

— Mais, à la fin, me direz-vous ce qu'il a fait ?

— Ce qu'il a fait ! ah ! par exemple, comme si tu ne le savais pas ! comme s'il fallait l'apprendre qu'il s'est glissé dans les salons *rue Ville-Verte* ? de cela, oh ! n'ayez peur qu'il en souffle un mot à table, ou au billard ! va, mon cher, ne joue pas tant la surprise. On l'a très-bien vu, avec ses poses penchées, et sa mine qui a l'air de n'y pas toucher : il fait son aimable. Dis donc, est-ce qu'il n'y a pas là une charmante dame, qu'on voit, tous les dimanches, à la messe de la *Magdeleine*, et dont les feux ont déjà brûlé plus d'un joli papillon ?... Allons, allons, c'est connu : Félicien soupire, il mène sa petite intrigue, il travaille sous terre, et par-dessus le marché, il veut se moquer de nous ! oh ! il lui faut un bon esclandre...

— Mais prenez garde cependant...

— Fin contre fin, mon cher, c'est la monnaie de sa pièce ! et puis, quel tour il joue à Pauline, qui peut-être l'aime, car, enfin, peut-être elle l'aime !... tu sens bien que si des noirceurs pareilles se commettent impunément, les jolies filles ne nous croiront plus.

— Le grand mal, monsieur, reprit Constance avec dignité !

— Vous en parlez à l'aise, mademoiselle ; mais si c'était l'opposé qui arrivât, et si les jeunes gens allaient avoir peur de vous faire la cour, vous seriez fièrement attrapée....

— Finissez, mauvais sujet ! vous mériteriez qu'on vous fît voir qui serait le plus attrapé !

— Allons, la paix, belle Constance ! mais enfin je dis que c'est bien mal envers cette pauvre Pauline....

— Oh ! pour ça, oui ! et, dès aujourd'hui, il faut que je l'en prévienne....

— Ah ! ça, mon cher, n'oublie pas de lui dire qu'il faut changer de finesse ; celle-ci est usée.

— N'oubliez pas de lui ajouter, monsieur, que les beaux yeux des belles dames n'ont pas besoin de tant de timidité. Il saura ce que je veux lui dire....

Je les quittai la tête pleine ; et je courus, en toute hâte, porter à Félicien ce déluge de propos, de soupçons et de malices...

Il était dans sa chambre. Franchement sa gravité me déconcerta. Il me laissa bien tout conter, jusques au bout. Quand j'eus bien tout dit, voilà mon jeune homme, qui, tout-à-coup, s'abandonne à un fou rire, et me prie bouffonnement de recommencer... ce ton me déplut.

— Au reste, mon cher, lui dis-je, cela vous regarde ; si mon avis vous paraît si drôle, j'en suis fâché.

— Et c'est là ce qui vous a coupé la parole aux *quid est* de ce matin, poursuivit-il, en éclatant d'un rire qui devenait inextinguible ?

J'avoue que j'étais blessé de voir prendre en dérision, une crainte qui m'avait sérieusement tourmenté pour lui. Il le sentit bien vite. Aussi, venant au-devant de mes inquiétudes, il se hâta de changer de langage.

— Eh quoi ! mon ami, vous vous êtes tourmenté ? mais, de bonne foi, là, comment avez-vous pu me croire assez peu avisé, pour vivre toujours sur la même surprise avec des inquisiteurs aussi infatigables ? Il y a bien du temps que j'y pensais. Du moment que j'avais réussi à passer, à leurs yeux, pour un soupirant ridiculement éconduit, cela me mettait à l'aise, il est vrai ; mais quelle raison plausible de persévérer ? Ils ne me croient pas assez sot pour me morfondre à perpétuité : il fallait donc ou lâcher prise ou me laisser deviner, et je ne voulais pas plus de l'un que de l'autre. Heureusement, il y a toujours une ressource avec les fins, c'est de paraître faire des finesses : Ils se jettent là-dessus. Pour moi, je n'en avais qu'une pour les amorcer ; c'était de leur faire soupçonner que mes prétendues amours avec Pauline, me servaient à les détourner d'une intrigue plus sérieuse dont j'aurais soin de ne pas parler. On fait si bien marcher les gens, en paraissant leur dupe ! eh bien ! oui, mon cher, c'est vrai, je me suis fait le timide adorateur d'une beauté des salons d'Aix, et j'étais bien sûr que cela percerait. Me suis-je trompé ? et notez bien ce que je vous dis : *timide !* j'exploite ma timidité. Allez, je me suis arrangé de manière à ce que ce train ait de quoi durer. Vous aviez cru, peut-être, que je m'étais lancé tête première ? mais non, non, rassurez-vous : je vis sur mes airs novices : je la regarde de loin ; si elle fixe les yeux sur moi, je baisse les miens ; si je lui parle, c'est avec des phrases bien oiseuses, qui ont l'air de dissimuler le tremblement de la passion concentrée ; enfin, tout ce qu'il en faut pour arriver à ma douzième inscription, avant de m'être déclaré. Maintenant, qu'elle y prenne garde ou non, ce n'est pas mon souci; mais plusieurs jeunes gens et surtout Léonce, se sont fait, maintes fois, des signes que j'ai aperçus et que mon embarras a justifiés. Vous comprenez : je cache ceci, donc, disent-ils, c'est là la chose sérieuse; je fais éclat du reste, donc c'est le prétexte ; et, comme je suis maître de la durée du roman sérieux, je puis, à présent, sans soupçon, faire durer l'autre tout autant.... Eh bien ! sont-ils à la question, les habiles du magasin de gants ?

je compris qu'il avait eu raison, et raison avec prévoyance. Il leur avait taillé de longue main leur besogne d'esprit, et maintenant, en effet, ils y étaient tous dessus.

,—— Vous jouez pourtant un jeu périlleux, lui dis-je ; et si la belle dame allait vous prendre au mot ?

—— Allons donc ! que ferait-elle d'un innocent qui ne saura jamais que lui refuser le flanc ? on ne prend pas un jeune homme au collet, mon cher !

—— C'est possible ; mais la pente est glissante....

—— Eh bien ! alors comme alors....

—— Oh ! si vous en prenez déjà si gaîment votre parti, je n'ai plus d'objection....

—— Comment donc ! mon ami, vous vous méprendriez à ce point ! naguères, encore, j'aurais pu vous dire que j'hésitais, que je tremblais d'aimer ; mais à présent ?... à présent c'est à plein, c'est à corps perdu ; elle remplit ma vie. Où vais-je ? je ne veux plus le savoir ; seulement, ce que je sens bien, c'est que je ne puis aller à ce qui m'éloigne d'elle. Mes études, mes jeux, jusqu'à ce semblant de cour dont je vous parle, tout est pour elle ; je ne vois qu'elle à travers tout ça. On peut lui dire que je suis amoureux dans les salons, allez, elle ne s'y trompera pas ! eh bien ! quand je vous réponds *alors comme alors*, c'est que ce serait une lutte de plus, et voilà tout ; et qu'à celle-là, comme à toutes les autres, j'espère bien que la bonne étoile de mon amour me sauverait...

Il parlait avec tant de chaleur et de confiance, que toutes mes objections s'évanouissaient.

Je ne vous dis pas tous les rendez-vous encore promis et manqués. Le cœur promettait, la volonté faillissait toujours. L'état d'éveil permanent de M. Deigary était fait pour glacer. Souvent, elle avait descendu les premières marches, et un tremblement subit avait fait plier sa résolution. Et aussi, qu'allait-elle faire ? dans son trouble, cette appréhension avait

sans doute sa place ; mais alors la jeune fille n'avait pas encore le temps
de s'y arrêter : la pensée du danger dominait tout.

Enfin, la veille de la Pentecôte, au matin, une assurance vint, celle-là
bien ferme : M. Deigary partait, le jour même, pour Marseille, où il allait
consulter M. Degrand-Gurgey sur un ressort. Il ne serait plus là, et Mademoiselle Agathe fesait dire à Félicien, que cette fois elle lui parlerait...
il était fou de joie, je crois. Ses camarades partaient de leur côté pour la
campagne ; il demeurait seul.

Lui seul, elle seule, libres tous les deux, et, tous deux persuadés de la
sincérité de leur amour !

Nous errames long-temps, le soir, jusqu'à l'heure où se fermaient les
grilles du Cours ; nous poussions le temps devant nous.

— Ah ! çà, lui dis-je, en le quittant, vous partez de grand matin, laissez-moi un mot....

— Un mot ! malheureux, y songez-vous ?

— Eh bien ! un signe....

— Un signe ? cela, oui !... mais quoi ?.... ah ! tenez ; vous deman-
derez demain matin à Marianne un livre que j'aurai laissé pour vous. Ce
sera le tome *premier d'Heinecius*, j'espère : si c'était le tome *second*.....
oh ! non, ce sera le premier. Adieu !

— Adieu !

Le lendemain, je courus en hâte demander à Marianne mon volume. Il y
était bien. Je n'osai pas, devant elle, examiner le numéro du tome, tant
cela me troublait.

Je fermai précipitamment la porte, et, enfin, je regardai....

§

Je ne veux pas vous dire quel était le volume que Félicien m'avait laissé.

Il passa une semaine à Marseille, auprès de son oncle. Quand il revint,
je courus à lui. Il était sans émotion et ne parla de rien. Sa première question fut de savoir s'il y avait beaucoup de dictées en arrière. Il réclama mon
cahier.

10

Je l'accompagnai jusqu'à sa porte. Il avait parcouru la rue avec la sérieuse simplicité de ses premiers mois d'école. Là, nous nous quittâmes, parce que je vis Marianne l'attendre avec une sorte d'impatience. Je sus, plus tard, leur entretien.

— Comme vous m'avez trompée, M. Félicien, lui dit-elle d'un ton de reproche !

Duverger pâlit ; il ne s'attendait pas à ce coup.

— C'est vrai, répondit-il, en baissant les yeux ; j'ai eu grand tort. Mais, pardon, Marianne ; c'est bien fini.

— Oui, fini ; mais, en attendant, vous n'aviez pas la moindre confiance en moi, vous me trompiez !

— Marianne, j'aurai toujours confiance en vous. Croyez que si cela n'avait regardé que moi......

— Oh bien ! je l'aime mieux que vous, elle ! elle ne me l'a pas caché ; elle a meilleur cœur......

— Et que vous a-t-elle dit ?.... ô mon Dieu, non ; Marianne, pardon ! je ne vous demande pas cela ; je n'ai plus à vous fatiguer de toutes ces choses...... Allons, donnez moi votre main, pour m'assurer que nous sommes toujours amis, nous !

Il prit sa main, lui dit adieu, monta dans sa chambre, arrangea ses cahiers, remit à sa place le premier volume d'*Heinecius* et sortit.

Vous l'avez souvent observé : les résolutions de colère se marquent par des éclats ; il faut toujours qu'il perce quelque chose de la passion qui les fait prendre, comme si elle se défiait d'elle-même et qu'elle voulût se donner acte. Au contraire, quand un parti est pris avec une froide maturité, il semble qu'on se repose davantage sur la constance de sa volonté ; on ne tient plus tant à lui faire engager l'avenir. Alors, les déterminations n'ont rien de raide ; elles sont calmes et détendues. La passion qui se raisonne ainsi est bien dangereuse : elle est capable de tenir parole, car elle n'a pas peur.

Si je n'eusse pas questionné Félicien, il ne m'eût pas fait part de la résolution qu'il avait prise : son indifférence et ses conversations d'études, devaient me l'expliquer assez. Cependant, quand je l'amenai sur ce sujet, il y vint sans effort. Il avait, disait-il, éprouvé une vive peine ; mais, après beaucoup de réflexions, il s'était refroidi la tête. Peut-être même, maintenant que c'était passé, valait-il mieux que ce rendez-vous eût manqué. Il ne pouvait l'en blâmer, elle, tandis qu'il se le fût, qui sait ? reproché à lui-même , quelque jour. C'était bien du trouble qu'ils s'épargnaient l'un à l'autre ; il y aurait eu là de quoi empoisonner toute leur vie ! Il n'en voulait pas à Pauline , qu'il considérait comme une bonne et adorable fille ; mais combien ce serait mieux de laisser éteindre un amour sans raison ! Cela lui serait très-facile ; et , comme il voulait tout ensevelir dans l'oubli , ils continueraient encore quelque temps le manége dont il avait usé , afin de faire mourir toutes ces choses d'une lente et obscure mort.... et puis , l'étude n'était-elle pas là ?

Je laissai courir ces pensées , sans les approuver , ni les combattre ; car je ne savais pas si la contradiction n'eût pas détruit l'effet que je me serais proposé. Pour l'âme , comme pour le corps , il est de ces maux que le remède irrite , et que la nature seule peut, quelquefois , guérir.

D'ailleurs , les idées de Félicien prirent , tout à coup , une direction nouvelle.

— Je réclame de vous un service , me dit-il : vous tenez à la société des jeunes avocats ; faites en sorte que je puisse y entrer !

— Mais , mon cher , ce sont des hommes sérieux , adonnés à des études.....

— Je sais , je sais : eh bien ! je travaillerai ! je tâcherai de suivre leurs voies.

— Jeune , comme vous êtes , à peine étudiant.....

— Pour eux , est-ce une raison ? eux se croient-ils trop jeunes pour aspirer bien plus haut ? avez-vous oublié ce que nous en avons dit si souvent ?

Duverger désignait , par là , une association qui s'était formée alors , entre plusieurs jeunes gens que la conviction de leurs forces et une pensée vivace de prosélytisme , avaient ramassés en faisceau. La plupart enfans de leurs œuvres , ils se fortifiaient dans des études graves , poursuivies en commun. Ils aimaient les lettres , le droit , la philosophie et l'histoire, celle de nos derniers temps surtout, dont ils dévoraient déjà les profonds enseignemens. Mais leur existence était si modeste et si retirée , qu'il fallait bien toute l'énergie de leur foi , pour les soutenir dans ce rude et laborieux apprentissage de ce qui donne un jour la puissance et la vraie grandeur. C'est à cette austère coterie de jeunes hommes dévorés d'intelligence , que Félicien Duverger me priait de l'affilier. Je promis de m'y aider , mais j'espérais peu.

Le bonheur nous servit cependant. Nous rencontrâmes l'un des mem-

bres de cette société studieuse, celui qui, par la mansuétude de ses mœurs,
par la solidité et la douceur de ses qualités, en était devenu le principal
lien : esprit sérieux et aimant, dont la grâce platonicienne répandait l'attrait sur ces âpres travaux. Il était le nœud de la gerbe, le souffle amical
qui animait leur vie collective. Il nous écouta avec intérêt, car il encourageait si volontiers ! Félicien, de son côté, y mit tant d'insistance, tant
d'animation et de candeur, que notre interlocuteur resta charmé de sa ferveur intellectuelle. Seulement, il désira un premier travail, un essai qui
pût rassurer ses amis sur le jeune âge de son recommandé.

Telle était donc l'impulsion de Duverger auprès de moi ; mais la position
de Marianne était bien autre.

Quand le jeune étudiant était revenu, elle s'était attendue à des lamen-
tations, à des prières ; et, tout entière à l'humeur que la tromperie du
jeune homme lui avait causée, elle s'était armée de reproches. Puis, la
douceur et la résignation de ses réponses, l'avaient laissée sans replique.
Il lui avait fait pitié.

Le lendemain, elle croyait encore qu'il viendrait à elle.... et voilà que,
tout en lui adressant les paroles les plus amicales, il ne lui avait rien demandé ; et, de même, le jour d'après. Les jours se succédaient, et Félicien continuait ce silence sans raideur : muet avec elle, muet des yeux partout ailleurs, en tout ce qui se rapportait à la jeune fille. Il paraissait presque satisfait.

Pauvre Marianne ! Quand Pauline venait à elle, non plus pour une fausse
Mlle. Agathe, mais pour elle, triste, les larmes aux yeux, lui deman-
dant si elle l'avait justifiée ? Il ne m'en parle pas. — Il ne fait aucun reproche, répondait-elle........

Il ne faut point se méprendre ici : Pauline était courageuse ; elle l'était
au point de rompre, elle aussi, avec cet amour. Mais, soit fascination,
soit noblesse d'âme, elle ne supportait pas la pensée qu'il la jugeât capable d'un jeu méchant ! Le perdre, oui, mais passer à ses yeux pour une
fille sans cœur, qui ne lui avait fait débiter que des mensonges, qui l'avait
bafoué de soir en soir, qui lui avait pris son repos par vanité, par coquetterie, elle qui l'aimait tant ! elle qui n'avait reculé que d'alarme, parce
qu'elle l'aimait trop ! Cela, elle ne le soutenait pas. Descendre à l'oubli,
c'est beaucoup ; mais jusqu'au mépris ? Qui l'eût blâmée, lorsqu'elle ne
pouvait s'y résoudre ?....

Les bons cœurs sont faciles. Celui de Marianne, après s'être évertué à faire à la jeune fille une raison, finissait toujours par se laisser glisser à ce spécieux besoin de justification qui tourmentait sa suppliante. Elle s'animait avec elle contre la dureté de Félicien, en même temps qu'aussi inconsidérément elle louait sa bonté. La brave femme ! elle voulait qu'ils ne se vissent, qu'ils ne se connussent plus ; et, d'un autre côté, elle voulait détruire tout ce qui fesait qu'ils cessaient de se voir, et qu'ils se méconnaissaient l'un l'autre. Simplicité qui, dans sa pensée, se traduisait par ce programme : ils ne devaient plus se désoler ; il fallait qu'ils fussent bien amis, bien d'accord ; et en même temps il fallait qu'ils ne fussent plus amoureux...

Un jour enfin, lasse d'attendre, elle monta dans la chambre de l'étudiant sous un prétexte de ménage :

— Tenez, lui dit-elle, en lui présentant un objet qu'il attendait, vous ne me demanderiez plus rien ? je le vois, vous n'êtes plus le même pour moi.....

— Non, Marianne, c'est que j'ai mal agi envers vous ; et comme je le sens, je ne veux plus vous reparler....

— Oui, et en attendant vous aimez mieux faire en vous-même des reproches à cette pauvre fille, sans me laisser un mot pour la consoler !

— On n'a pas besoin d'être consolé par les autres, Marianne ; je me suis bien consolé tout seul, moi !

— C'est ça ! vous vous imaginez, peut-être, que c'est du chagrin de ce que vous ne la regardez plus ?.... en vérité, comme si elle ne me répétait pas tous les jours que ça valait mieux, qu'elle ne s'en plaignait pas !

— Mais quel chagrin lui ai-je fait ? oh ! par exemple ! et c'est vous, Marianne, qui le dites, vous ? eh ! qui donc avait du chagrin dans cette chambre, lorsque trois fois dans la nuit, vous êtes venue avec votre lampe ; alors, vous trouviez que c'était affreux.... oui, c'était affreux ! Que lui avais-je fait ? qui avait parlé de cette soirée ? Savez-vous bien, Marianne, que c'est méprisable de tromper ainsi !

Ce n'était déjà plus l'âme sérieuse de Félicien ; le souvenir de sa douleur le rendait impétueux et injuste :

— ..... Ne parlons plus de cela, Marianne, ajouta-t-il, vous voyez que je ne suis plus maître de ce que je dis.

— Oui, je vois, reprit-elle avec véhémence, je vois que vous avez mauvais cœur, vous ! ce n'est pas pour que vous l'aimiez, au moins, si je vous en parle ! elle y a bien renoncé, allez. Mais pourquoi dites-vous qu'elle est méprisable ? si vous l'aviez vue, comme moi, le dimanche au

matin , quand elle me prit pour aller à la messe, si vous l'aviez entendue ,
quand elle me parlait de vous ? et moi, qui ne me doutais pas que ce fût
pour elle, et qui lui racontais tout ! que vous aviez passé toute la nuit
sans vous coucher , que vous aviez fait des lettres , que vous les aviez dé-
chirées , et puis tout ce que vous disiez dans votre colère ! j'avais encore
des morceaux de vos lettres , elle les prit , et , pendant tout le temps de la
messe, elle y avait la tête dessus. Quand nous nous relevâmes , voilà
qu'elle était en larmes ; il fallut nous mettre dans la chapelle de la Vierge,
pour attendre qu'elle pût sortir. Oh ! bien sûr ! M. Félicien, elle n'a pas
voulu vous tromper. La pauvre , elle pleurait tant ! Elle aussi avait veillé
toute la nuit. Elle aurait pu vous parler à la porte , mais jamais elle n'en
avait eu le courage, voilà tout ! tous vos reproches , allez , elle se les était
faits ; mais penser que vous la traitiez avec mépris , lui ôtait le cœur....
Qu'il ne songe plus à moi, me dit-elle tous les jours , il a raison , je l'ai
mérité , mais qu'il croie que je l'aimais , et que jamais de la vie je n'aurais
voulu le tromper !

En rapportant ces mots , Marianne avait des larmes dans les yeux. Ce
qu'elle disait là , Félicien l'avait bien pensé dans sa candeur , et ces raisons , cette bonne opinion de Pauline l'avaient confirmé dans sa résolution
de retraite ; et pourtant les mêmes pensées, les mêmes raisons, répétées
en ce moment , ramenaient en lui le trouble !

— Marianne , elle fait bien de rompre un amour comme le nôtre. Dites-
lui que je l'approuve , que je l'admire ; dites-lui qu'elle en est adorable.
Moi, non plus , je ne songe plus à elle. C'est trop dangereux, voyez-vous.
Vous croyez que je ne le vois pas ? Je suis un étudiant : dans deux ans ,
qui sait où je serai ? Je ne songe plus à la rechercher , plus du tout ! non,
bien sûr, non , elle ne m'a pas trompé..... Bonne Pauline , moi lui coûter une larme ! non elle a eu raison de ne pas mourir. Dites-le lui bien,
ma chère Marianne, je ne veux pas qu'il lui vienne un seul chagrin de
moi , à elle , à ce qu'il y a de meilleur au monde. Oh ! c'est assez déjà
d'y renoncer ; qu'au moins , une dernière fois , elle sache bien que jamais
être plus aimable n'a été plus tendrement aimé.

Marianne était toute heureuse du succès de son éloquence.

— Que vous êtes bon , M. Félicien ? à présent, oui, je la consolerai ! à
présent, allez, elle vous oubliera.... Mon Dieu , c'est que je ne saurai jamais lui répéter tout cela....

Un mouvement subit ébranla Félicien. Il courut à son tiroir avec une indéfinissable expression de sentimens divers :

— Tenez, Marianne, ça lui parlera, dites-lui qu'elle peut les prendre, à présent, notre amour est fini. Un dernier souvenir ne se refuse pas. En le regardant, elle comprendra tout ce que je ne lui dirai jamais.

La vieille servante prit la boîte ovale. Quand elle la remit à la jeune fille, celle-ci écouta, les lèvres pâles et les yeux baissés. Elle écoutait, peut-être plus effrayée de ces consolations, qu'elle ne l'eût été des reproches les plus amers. A chaque halte, c'est ainsi dans l'amour : on réfléchit un peu plus en avant, et, à mesure que la peur croit, on s'engage avec plus d'énergie. Pauline ne refusa pas la boîte ; elle la pressa de toute sa main, et, en s'éloignant, elle la descendit sur son sein.

C'est qu'elle ne s'abusait pas sur le sens des paroles qui lui étaient rapportées. Ce n'était pas de l'amour éteint qui lui revenait, mais un amour ranimé, et qu'elle adorait plus qu'auparavant ! elles n'étaient pas un simple souvenir, ces boucles d'oreilles ; c'était Félicien lui-même, tendre, respectueux, idolâtre d'elle. Aussi les serrait-elle contre son cœur ! mais les regrets suivaient toujours les éclats de sa tendresse : après l'ivresse, l'effroi.

Le lendemain j'abordai Duverger distrait, je lui parlai de ses projets d'affiliation, mais il m'écoutait à peine, impatient de me quitter, embarrassé d'avoir à le faire. Enfin, il brusque l'explication en me disant que Pauline l'attendait rue d'*Italie*, qu'il me parlerait le soir.

Qu'était-ce ? j'ignorais encore en ce moment la dernière conversation de Marianne, j'attendis le soir, et lui courut. Il allait à un entretien demandé par la jeune fille ; dans une rue passagère, en plein jour : que voulait-elle ?

Son amant vole à la rue d'Italie : elle passe ; elle tourne plusieurs fois la tête pour qu'il aborde ; il est auprès d'elle : ils font chemin ensemble...

— Qu'est-ce donc, Pauline, et pourquoi cette heure ?

— Je n'en avais pas d'autre... M. Félicien, si vous m'aimez, reprenez... Elle tenait quelque chose dans sa main et la rapprochait de lui.

— Quoi, encore ! vous voulez donc me désespérer !

— Oh ! non, je les garderai alors... mais si vous m'aimez....

— Si je vous aime, mon Dieu ! mais pourquoi ?....

— C'est trop joli... je n'en ai pas besoin,... allez, M. Félicien, vous êtes là.

— Donnez , Pauline...

Elle ouvrit la main , rendit la boîte , et d'un accent doux et reconnaissant :

— Je vous remercie , dit-elle en s'éloignant avec vitesse. Elle s'enfuyait, légère. Légère? Je crois plutôt, chargée de plus d'amour que jamais.

Félicien rassemblant avec peine ses sentimens épars, ralentit le pas et bientôt ne la vit plus.

Délicatesse qui le confondait et le ravissait sans cesse ! Mais que venait-il donc de se passer , se demandait-il avec tressaillement ? et ,à mesure qu'il descendait d'une raison à une autre plus profonde, il s'en trouvait une plus profonde encore qui l'attirait.... — Ce bijou , se disait-il , lui fesait de la peine ; il l'humiliait à ses yeux ; il lui semblait qu'elle aimait moins ou avec moins de pureté. Ne l'avait-elle pas dit : *Je n'en ai pas besoin?* — Mais pourquoi *pas besoin*, se demandait-il ensuite ! Oh ! parce qu'une chose survivait , qui valait mieux que tout, sa tendresse ; elle voulait donc l'aimer encore ! — Et pourquoi ne pas les rendre à Marianne ? sans doute, parce qu'elle avait craint de l'affliger de nouveau , et qu'elle ne s'était fiée qu'à elle-même pour le supplier.... — Et elle n'avait donc pas redouté ce rendez-vous en plein jour ? non elle ne l'avait pas craint ! pour ne pas désoler son amant, elle l'avait voulu , elle l'avait osé... — C'était pourtant le premier ! pas un donné à l'amour, même dans le mystère le plus profond , et ici , pour obéir à un scrupule de son cœur , pour rassurer ce qu'elle aimait , pour rendre une chose regrettée, elle affrontait la rue, les regards ; et lorsque Félicien reprenait ce gage bien aimé , c'était elle qui disait : *Merci!..* — *Je vous remercie...* Quel mot doux et naïf ! que c'était simple et que c'était plein de noblesse ! Il revient encore à mon oreille ce mot , avec l'accent que mon jeune ami mettait à me le rendre ; il y revient avec cette pureté angélique , dont je suis malheureux de ne pouvoir faire passer la suavité d'ambroisie sur ce papier !

Nous nous entretenions tous deux de ces choses, à la brasserie de Disler, sous la grande allée de la *Rotonde*. C'est un lieu de bonnes causeries, comme endroit d'épanchemens intimes ; je hais le café : c'est une hospitalité trop dorée pour en sembler une. Le voisinage des tables, les glaces qui vous répètent , le cliquetis du domino aux mains des désœuvrés , la cour gaillarde et cependant maussade dont est l'objet la dame du comptoir ; chaque chose vous dit à sa manière qu'on est là par ennui , par soif ou par lassitude des jambes, qu'on ne peut y être ni pour sentir, ni pour penser; j'aimais bien mieux notre rustique brasserie. Qu'on se figure un espace irrégulier, ombragé par de larges platanes et séparé de la prairie qui l'entoure par une charmille formée de pourpiers de mer. On y arrivait par un étroit sentier bordé de sa double haie d'aubépine. Il n'y avait là ni glaces pour vous trahir, ni tables de marbre indiscrètes pour vous faire coudoyer vos voisins, ni dames de comptoir pour recevoir les plates galanteries des gens blasés, mais seulement des bancs grossiers, des tables en bloc de chêne, exposées, été et hiver, aux injures du ciel : des tables bien distantes entr'elles, en sorte que chacune était un monde à part ; et, pour toute boisson, la bière germanique, avec sa mousse indolente, sa dégustation paresseuse et indéfiniment répétée, et cette molle fraîcheur qu'elle verse dans les sens, sous notre ciel agitateur du Midi. Dites-moi : est-ce à côté d'un flacon d'eau-de-vie qu'on peut parler amitié ? Est-ce à la lueur joyeuse d'un punch qu'on peut se recueillir dans l'intimité ? Non, je crois que la sensibilité s'y corrode, ou du moins qu'elle se referme bien vite, comme se hâte de le faire aux premières ardeurs du soleil, la corolle de la belle-de-nuit. Mais à la fraîche sérénité du lieu où notre amitié s'était cherché un asile, l'âme de Félicien s'entr'ouvrait avec abandon. Nous laissions nos pensées voyager à l'aventure sur toutes les choses intérieures qui pouvaient leur plaire. La route, presque suspendue sur nos têtes, mais dérobée à nos yeux, nous envoyait le roulement sourd des lourdes diligences ; le ciel, à travers la dentelure des feuilles de platane, brillait à nos yeux par échappées, comme autant de vives étoiles ; cette mélancolique langueur d'esprit dont nous pénètre l'orge en ferment, entrelaçait les jets de nos causeries, et Pauline, toujours Pauline, voltigeait, gracieuse, au-dessus de nos réflexions ; elle remplissait les espaces de notre solitude. C'est elle, je crois, qui traversait par scintillemens l'opacité de notre voûte d'ombrage ; elle qui fesait amoureusement bruire le feuillage à l'approche de ce beau soir.

Tout-à-coup des voix importunes éclatèrent dans le sentier d'aubépine. Dupuis appelait Léonce ; d'Alleins parlait à Chevrier ; c'étaient eux. Ils quittaient la *Rotonde*, et demandaient tous ensemble des cruchons et des verres.

Toutes les fois que Félicien avait un secret de plus à défendre, il avait du courage et de l'élan. Ici, en outre, il était contrarié de leur entrée. Je vis ses traits s'armer d'une gaie hostilité :

— O mes persécuteurs, pas un asile où reposer ma tête !

— Bravo, s'écria Chevrier ! l'amour des contrastes : grandeurs et goûts champêtres !

Félicien parut souffrir de l'allusion.

— Dites plutôt: mystification et franchise ! c'est un contraste qui vaut l'autre.

— *Mystification* est amphibologique, répartit Léonce, cela dépend du mystifié....

— C'est vrai, répondit Duverger : *mystifié*, quelqu'un l'est ici : ou vous ou moi. Moi, je dis que c'est vous !

Il faut savoir que depuis les nouveaux soupçons qu'avait éveillés Duverger dans la société *Villeverte*, on ne l'avait plus attaqué de front. D'un côté, son ardeur, émoussée par les résolutions de la *Pentecôte*, ne cherchait plus la lutte ; de l'autre, ses camarades se contentaient de l'observer pour ne s'engager qu'à jeu sûr. C'étaient donc seulement des affaires d'avant-postes, des marches et des contre–marches, des mines et des contre-mines. Les parties belligérantes se tenaient l'une l'autre en échec, cherchant à se prendre en flagrant délit. Mais ici, Félicien jugea l'opportunité d'un engagement général ; il offrit la bataille. Un seul contre quatre, le défi était piquant ! et, de plus, le combat qu'il osait affronter n'était pas un de ces engagemens à la manière des Kabyles ou des Kosaques. Eux pouvaient tourner bride, lui non ; il avait, lui, comme un précieux convoi, tous ses mystères à protéger et à sauver ! Bien que j'aime l'offensive, dans ce moment, elle me fit trembler.

— Garçon ! des cruchons, je meurs de soif, criait Chevrier dont la bonne humeur flegmatique ne perdait jamais de vue la partie des *conforts* !

— Garçon ! des siéges aux membres du *Conseil des Dix*, criait à son tour l'aggresseur !

— Tu veux donc nous prouver que nous sommes tes dupes, reprit Léonce en se rengorgeant avec la confiance que donne le nombre !

— Nullement ; mais je veux vous prouver qu'à force de fourrer votre nez dans mes affaires, vous avez fini par l'y casser....

— C'est cela ! tu voudrais nous faire lâcher la proie pour l'ombre.... Un grand bruit pour en couvrir un petit....

— Pas si vite donc, Léonce ! Laisse–le s'engager, interrompit tout bas d'Alleins !

— Oh ! mon Dieu ! Messieurs, je n'y mets pas tant de finesse. Tout ce que je veux vous dire, puisque vous me poussez à bout, c'est que vous avez beau rire de mes amours avec Pauline ; sérieusement je l'aime, et qui plus est, j'en suis aimé....

Des signes d'intelligence s'échangèrent entre les membres de la quadruple alliance , comme pour se dire : c'est cela , il y vient !

— Me croyez-vous un sot , messieurs ?

Tous : — Non !

— Me croyez-vous un fou ?

— Non !

— Me croyez-vous , comme à Léonce , la rage de la déambulation ?

Tous en riant , moins Larivière , qui prit un air ricaneur , — Non !

— Eh bien ! alors , messieurs , il faut que ma constance ait un but... Maintenant, je ne me donne pas pour plus heureux que je ne suis ; je ne tranche pas du rendez-vous nocturne , comme mon irrésistible rival ; mais je me crois préféré , et c'est son dépit seul qui réussit à vous faire croire le contraire !

— Mais pourquoi viens-tu nous le dire alors , interrogea d'Alleins ? Si cela était , tu le garderais pour toi seul. Tu as donc un motif ?

— Doucement , messieurs , vous voyez que je m'explique avec calme. Notez-le bien : Je vous dis et vous dis beaucoup , mais pas tout. Vous me permettrez, je pense, de garder quelque chose pour moi ! Maintenant , si je vous dis ce que je vous dis , pardieu , c'est que , si je n'en parlais pas , vous le verriez tout de même. Si Emile , avec sa belle coadjutrice , si Léonce , qui ne croit qu'à ses bonnes fortunes (et c'est déjà une foi assez robuste !) si toute la bande ne m'avait pas vingt fois taquiné , j'eusse gardé tout pour moi; mais il aurait suffi que je m'en défendisse , pour vous avoir sur 'les bras du matin au soir. Eh bien ! je vous en ai tant rassasiés qu'à la fin vous m'avez laissé tranquille ; et , voyez la drôle de chose ! à présent , j'ai beau vous jurer que c'est vrai , c'est comme si je chantais ! et pour toute réponse vous vous moquez ! Or , je ne veux pas que vous vous moquiez , et je trouverai assez de preuves pour vous faire renoncer à me traiter en hâbleur !

Plus l'explication de Félicien était naïve , plus elle paraissait fine et astucieuse. La conviction des quatre s'enfonçait toujours plus avant. Léonce surtout , car l'amour-propre est plus irritable encore que l'amour , ne contenait plus le besoin de dire au jeune homme son fait net et clair.

— Pas tant de détours , l'ami ! le mot de tout ceci , c'est que Pauline est le manteau de la rue *Villeverte !*

— A la fin , voilà le grand mot lâché *!* Bravo Léonce *!* tu as mis feu à la longue couleuvrine ; je suis mort !

— Non , mais tu le fais , hypocrite ! explique-toi.....

— Je m'explique très-volontiers : y a-t-il dans l'honorable société quelqu'un dont l'œil m'ait surpris en tête-à-tête avec la fameuse dame dont vous chuchottez depuis quinze jours?

— En tête-à-tête?... c'est bien la question! tu lui fais les yeux doux, petit traître ; tu la contemples....

— Ah! ah! s'exclama l'accusé en riant, c'est comme la famille Deigary : parce que je regardais Mlle. Agathe à sa vitre, ils ont cru que je voulais l'enlever; parce que je rencontre Mme. Aglaé dans un salon, vite, c'est une passion!....

— Mlle. Agathe, mon cher, n'est pas Mme. Aglaé....

— Et Mme. Aglaé n'est pas Pauline!

— Encor Pauline! mais tu détourneras sans cesse la question!

— Du tout! je la serre au contraire ; car, s'il est prouvé que j'aime réellement la jolie fille, il suit que je n'aime pas la belle dame. *Inclusio unius est exclusio alterius*.... Heim! il est bon l'argument?

— Très-mauvais, au contraire ; et tu ne réponds pas à ceci qui est direct. Je te dis que tu fais la cour à la dame, que tu n'es allé dans ces salons que pour elle ; que quand elle n'y est pas, tu es de mauvaise humeur ; que, quand elle entre, tu rougis ; que, quand elle sort, tu sors bien vite; que, l'autre soir, on t'a aperçu approcher de tes lèvres, à la dérobée, le verre qu'elle avait quitté...... A cela, tu ne réponds pas ; sur toutes ces tendresses, tu ne nous fais pas tes confidences : sur ces faveurs tu ne paries pas des glaces ; et tu veux nous faire croire que nous sommes les mystifiés?.... *Vagaris extrà thesim*, mon cher.

— *Vagaris extrà thesim*.... Oh! pour le coup, celle-là est plaisante! Mais si quelqu'un vague loin de sa thèse, c'est bien toi, mon garçon, qui, depuis six mois, ne peux te décider à passer la tienne, et pourquoi, encore? pourquoi? me permets-tu de le dire, Léonce?...

— Dis tout ce que tu voudras, mon cher, c'est de bonne guerre....

— Et tu ne te fâcheras pas?

Léonce était trop lancé : — Non, parole d'honneur!

— Eh bien! à toi de rompre, mon rival! Messieurs, voilà un homme mort! je vous avertis, soutenez-le!

— Au fait! au fait!

— Au fait?... quand Léonce est entré, ce fameux jour, dans la maison Deigary, savez-vous ce qu'il est allé faire?

Un moment de silence suivit la question.

— Et si je le sais , moi , continua–t–il , ce sera bien la preuve que je ne suis pas si mal au courant des affaires intérieures de cette maison ?

Même silence. Léonce perdait de son aplomb.

— Léonce , Messieurs , est allé demander Pauline en mariage....

— A bas le farceur ! à la question ! ça n'a pas le sens commun ! mauvais , mauvais , criait–on de tous côtés !

— Messieurs , ne criez pas tous et écoutez !

— Non ! Non ! absurde !

— Dans ce cas , tant pis pour lui ! je n'en disais pas tant...

— Et la preuve ?

— La preuve ! qu'il accepte d'aller , lui , l'un de vous et moi , demander à Mme. Deigary si ce n'est pas vrai , et tout est dit !

Un silence de stupéfaction suivit cette offre.

— Donc , j'ai dit vrai , reprit l'inexorable jeune homme !

— C'est vrai , déclara enfin Léonce ; mais c'était un prétexte du moment... Mme. Deigary m'avait surpris dans l'escalier...

— Et c'est en plein jour que tu entrais , poursuivait Félicien ! et c'est à présent que tu en conviens , parce que tu te sens pris à la gorge ! et tu ne l'aurais pas raconté vingt fois , lorsqu'on t'a si souvent poussé la question !...

On comprend quelle mêlée de propos suivit cette divulgation fatale à Larivière ! Il chercha vainement à user de sa dernière excuse ; les rieurs furent contre lui , et Félicien se hâta d'en conclure qu'il était préféré de Pauline , puisqu'il était si bien avisé. Les autres en conclurent le contraire , puisqu'il était si prompt à glisser sur ses amours de salon. Léonce , qui avait consenti à ne pas se fâcher , mais non à ne pas se venger , se promit bien d'attaquer Félicien dans ses foyers , rue *Villeverte.* Chacun garda ses convictions , et l'entretien finit par changer. En vérité , Duverger n'avait pas tort de les avertir qu'ils se cassaient le nez !

Tant d'efforts s'useraient-ils sans récompense ?

§

Le dimanche de la *Trinité* arriva ; c'était un jour promis à l'amour.

Il existe , aux portes de la ville , une promenade aux arbres séculaires. Je crois que la municipalité d'Aix ne les a pas encore coupés au pied. Cela s'ap-

pelle le *Cours de la Trinité*. Là se porte , le jour de la fête de ce nom ,
toute la population en toilette d'été. C'est un Long–Champ : après la promenade , feu d'artifice ; on se retire nuit close. Heure promise ! Car , voyez-
vous , à cet instant les,rues d'Aix sont désertes. Désertes, les rues d'Aix :
comprenez–vous bien ? Pauline n'irait pas : Félicien irait; mais dès que
le crépuscule du soir commencerait à envelopper la foule tendue vers son
spectacle de feu , il s'évaderait, il serait auprès d'elle. Où ? Ils avaient dit à
Marianne qu'il leur fallait un dernier entretien pour mieux achever leur
rupture ; elle n'y avait pas vu d'objection. Où donc ? ni chez Pauline , ni
dans quelque lieu isolé : y être vu c'était se perdre. Non , mais comme si
elle venait causer avec Marianne , là , dans le vestibule de cette maison d'in-
quisition , dans ce repaire de pirates. Là , ils se verraient ; là ils se virent.
Madame Gatouneau , avec son escorte féline , était à son jardin de la *Montée
des Trois Moulins*. Elle ne rentrerait qu'après le feu.

Félicien, en toilette élégante, je dirais presque ambitieuse, se promena plusieurs heures dans l'allée du beau monde. La rue *Villeverte* y était toute ;
il ne perdit pas son temps. Mais quand l'obscurité , après une désespérante
lenteur , fut enfin descendue de la voûte des ormeaux , il se détacha de moi
avec une précaution fiévreuse, et je ne le vis plus.

Il est dans chaque ville de mystérieux enchaînemens de rues, qui vous
conduisent, par une complicité mêlée de prestiges , d'un point à un autre,
sans pouvoir être rencontré. Marseille elle–même , la ville rectangulaire , la
ville aux percés larges et dénonciateurs , Marseille les a. Voulez–vous , par
exemple , du boulevart *Long–Champ* , tomber invisible au cœur de notre
rue *Vivienne* , au café *Bodoul* ? suivez-moi : — La rue *St.–Savournin* , —
la rue du *Laurier* , — la traverse des *Bernardines* (que le conseil municipal vient de nous ravir... Ces conseils municipaux !) — La rue *Vian* , —
les rues *Désirée* , — *Piscatoris* , — *Neuve* , — *Maucouinat* , — *St.–Fer-
réol–le–Vieux* , — *Basse de la Palud* , — *des Chartreux* ou *de la Glace*-..
Vous êtes chez Bodoul : Qui vous a vu ?... Eh bien ! Aix, aux rues tortueu-
ses et sombres, ouvrit à Félicien un labyrinthe qui le conduisit à sa demeure : il y pénètre, Pauline va venir ; Pauline s'en approche sans presse ;
Pauline est là !

Oui, Pauline était sans coquetterie. Avec lui , elle n'avait ni ces gestes
maniérés, ni ces paroles d'apprêt, qui cherchent à démentir le bonheur
éprouvé. Elle reposait sur lui toute la joie de son regard ; elle le contemplait

fixément. Quand il prit sa main, elle ne la lui retira pas : n'était-ce pas son bien ? Quand il enlaça à son cou son bras amoureux, elle se pencha vers ce bras, pour qu'il tînt à elle par une double et même volonté ; elle ne lui refusa ni ses boucles, qui jouaient entre ses doigts, ni son front qu'appesantissait l'amour. Ils étaient là, debout, sur le qui-vive, dans un camp ennemi, où, dans dix minutes, la bande impitoyable allait rentrer ! après tant de jours muets, après tant d'angoisses et de félicités étouffées, ils s'étaient joints ! Alors tant de sentimens et de pensées se pressent à l'envi, que la parole expire ; elle est si altérée par la compréhension de ce qu'elle pourrait dire, que la respiration troublée ne sait plus la servir.... Le cœur prend tout le souffle, la tête prend le témoignage de tous les sens !

— Pauline ! vous auprès de moi ! est-ce bien possible ? est-ce bien vrai ?

Elle lui répondait par un lent mouvement de tête, qui voulait dire : Oui, oui, oui !...

— Vous m'aimez donc, vous m'aimez bien, Pauline ? Oh ! dites-le moi, que ce soit votre première parole !

— M. Félicien....

Sa voix tremblante s'épuisa à ce nom.

— Oui, oui, dites ?..

— Si je vous aime ?

Et elle pencha sa tête, avec tout le ciel dans sa douce figure.

— .... M. Félicien, reprit-elle vivement, que de chagrin je vous ai causé ! Oubliez-le.

— Je n'oublie rien, Pauline, rien de vous ! ce chagrin, je l'aime. C'est vrai : j'ai bien souffert ; mais, à présent que je suis aimé.... car je le suis, je le suis bien, n'est-ce pas ?... A présent, c'est doux !... oh ! c'est moi qui vous ai martyrisée. Pauvre Pauline ! comme j'ai été amer, est-ce possible ?

Elle le suivait avec le balancement de sa tête, comme pour lui répondre : C'est bien vrai.

— C'est que la pensée que vous me tromperiez me déchirait... Je vous aime tant, mais tant, mais tant !..... Ce Tholonet, Pauline, eh ! ce Tholonet ?

— Oh ! ce Tholonet.... reprit-elle de tout ce que sa voix avait de plus caressant.

Ce souvenir revenait dans sa pensée avec toute la mélodie des émotions passées, avec toute la grâce qui vous fait sourire à des alarmes, que vient de dissiper l'instant présent.

—— Dites, Pauline, vous ne vîtes pas comme ils étaient à nous regarder ? je leur pariai que vous m'aimiez et je perdis. N'est-ce pas que j'avais bien perdu ? Si vous saviez comme je me ris d'eux ! je leur dis tout et ils ne croient rien. Oh ! ma Pauline, soyez bien rassurée : votre amour est assurément une divine chose, c'est bien la plus douce joie de ma vie, mais j'y renoncerais, j'y renoncerais mille fois plutôt que de vous livrer à leurs langues maudites. Fiez-vous à moi, je vous garde. Notre amour, je le défends sans cesse ! toute ma pensée est là. Ils en sont si loin, si vous saviez ! Eh ? la messe de *St.-Sauveur* ?

— Oui, et Mlle. Agathe à la vitre ?

— Et Mme. Deigary qui veut que j'épouse sa nièce ?

— Et Mlle. Constance qui dit que vous aimez une belle dame ?

— Comment ! elle vous l'a dit ?

— Oui, mais je ne l'ai pas cru.

— Et qu'avez-vous cru, Pauline ?

—— Tout, excepté ça !...

—— C'est que pourtant, c'est vrai... Je lui fais une cour bien tremblante, bien attentive... Oh ! Pauline, ne les croyez jamais, ne croyez jamais que moi. La belle dame à qui je pense toujours, c'est vous ! La grande dame pour qui j'ai tant d'amour, c'est vous, vous, rien que vous, sans cesse vous !.. L'autre, car il y en a une autre, c'est un semblant... entendez-vous bien ? un semblant pour tous ces curieux. Ils m'en accusent, je m'en défends, et cela me sert ! autrement, eh ! autrement Pauline, est-ce que j'y aurais jamais songé ? O mon Dieu ! que nous sommes heureux ! il est bien court ce moment, il nous a coûté bien des peines.... Oh ! mais il nous paie de tout... Pauline ?

Et ils cessaient de parler, et ils confondaient leurs visages, et ils les éloignaient encore pour se considérer, se bien reconnaître ; et le temps fuyait, et les dernières gerbes de fusées venaient d'éclater sur le cours de la *Trinité*, et déjà la partie septentrionale de la ville se remplissait de pas...

L'amour heureux est résolu. Sans se le dire, ils comprirent qu'il fallait se quitter. Ils se suspendirent à un long et suave baiser. Puis ils se détachèrent l'un de l'autre, et l'ombre ensevelit leurs pas fugitifs. Bientôt le vestibule, encore rempli de leurs sourdes paroles, retentit des propos bruyants de l'école ; cet air parfumé d'ivresse reçut les bouffées du cigare. Les cannes et les talons ferrés battaient les marches de pierre... Ils avaient fui à temps !

Qu'ai-je fait de rapporter cette rencontre amoureuse ? maintenant , je me le reproche comme une profanation. C'est que ce n'est point cela : c'est que je n'ai rien dit !.... si vous saviez comme je le recueillis , plus enivrant et plus céleste, cet entretien de deux jeunes cœurs , quand Félicien , de sa bouche encore embaumée de Pauline , me le racontait peu d'instans après !...... oh ! vous aussi, vous diriez que j'ai mal fait. Et n'est-ce pas tout simple ? Vous savez leur amour , la noblesse de leurs âmes, et l'histoire de leur douleur passée ; ils s'adoraient , après avoir tant voulu se fuir , et revenaient entraînés par la constance même de leurs efforts à se combattre. Que c'est long , plusieurs mois d'attente ! toujours , en pensant à eux , je me remémorais cette histoire dont un de mes parens , vieux marin , avait bercé mon enfance : ils étaient sous la ligne , par un calme désespérant , sans eau ! Tous les jours, des flocons de nuages flottaient à l'horizon ; ils les appelaient , car c'était leur vie. Ces malheureux disposaient des toiles pour recueillir l'onde implorée ; ils espéraient , ils tendaient les bras ; puis, quand le nuage était presque sur leurs têtes , il se résolvait en vapeur. Longue souffrance, que trompait mal, ou plutôt qu'irritait l'approche de l'eau de mer, jusques au jour sauveur où le ciel s'ouvrit pour eux... Eh bien ! pour nos deux amans , il venait aussi de s'ouvrir. Eh quoi ! se connaître à peine , et, tout-à-coup, avoir le contact, la voix , la vue contemplative, l'haleine l'un de l'autre ! et connaître cette voix par ce qu'elle a de plus harmonieux, ce toucher par ce qu'il a de plus frémissant , cette vue par ce qu'elle recèle de plus adorable , ce souffle par ce qu'il a de plus aimant ! ces longs cheveux, jusques là jouet du vent , il les avait parcourus et reparcourus avec délice ; il en savait la finesse , le parfum et les spirales gracieuses , qui , semblables à leur amour , résistaient toujours à l'effort qui voulait les défaire, et se rebouclaient plus obstinées, à chaque retour de la main ! Combien de temps cette émotion palpita dans les souvenirs de mon ami ! je vois encore , me disait-il , ses paupières étendues sur moi ; je sens encore sur mes lèvres pressées , et les siennes , et son âme , et le doux émail de ses dents...... oh ! je vous dis , laissons cet entretien, je ne reconnais plus ce que j'entendis, tout s'est décoloré......

Au dehors , cependant , la lutte n'était pas finie ; au contraire , elle se ranimait. Léonce, de sa langue corrosive, avait fait arriver de dangereuses accusations jusqu'aux oreilles de la Dame qu'il croyait aimée de Félicien. Une occasion ne tarda pas à mettre en jeu ces nouveaux ressorts.

La *Fête-Dieu* est , à Aix , comme dans toutes les villes du Midi , un long enchaînement de cérémonies religieuses. L'encens , les fleurs , les écharpes dorées , les ornemens sacerdotaux , les bannières flottantes , les autels en plein air , les flambeaux , les cantiques , les palmes remplissent les rues pavoisées. C'est l'heure , alors , des pompes catholiques ; mais à Aix seulement le bal suit les processions : la soirée y est mondaine. On dansait à la rue *Villeverte* , le soir de la procession du *St.-Esprit.* Mme. Aglaé y était , Félicien aussi.

Mme. Aglaé , belle , et dans cet âge où le caractère a acquis toute sa dé-cision , sans que la jeunesse ait encore rien perdu de son éclat , méritait en effet d'être remarquée. L'usage du monde , qui lui en rendait familières toutes les ressources , et le désir de plaire , qui trouvait si aisément pour elle à s'y produire avec succès , avaient donné à sa coquetterie une aisance qui encourageait les adorations , mais ne les laissait guère maîtresses du terrain. Elle avait été maintes fois l'objet d'une cour assidue , et , plus ses poursuivans avaient déployé d'habileté dans leur recherche , plus elle avait trouvé d'art à les dominer. Le jour qui éclaire ces sortes de combats, (quand encore le jour les éclaire *!*) , ce jour est si douteux , qu'il est té-méraire d'affirmer comme de nier fermement quelque chose ; mais , sur les apparences extérieures et sur l'avis des gens capables de juger saine-ment , on pouvait croire que la vanité prenait légèrement le dessus sur tout le reste. Elle devait aimer plus l'adoration que l'adorateur. Aussi , pour l'exciter et la savourer davantage , employait-elle toute sa finesse à se faire souveraine, capricieuse et absolue. Cette disposition avait été d'ailleurs avivée par les hommages dont on l'entourait. Digne de plaire et toujours recherchée , ce qu'elle devait bien savoir , c'était la guerre défensive. Là , elle excellait ; et, quand une fois elle avait assuré son empire , le plaisir de l'exercer , les délices du despotisme l'emportaient sur tout. Il fallait se ren-dre à merci. Mais , au contraire , si au lieu d'un soupirant découvert et pressant , elle n'avait plus eu , en face, qu'une timidité garrottée , une cour fuyarde, on conçoit que son habileté à tyranniser ne lui eût plus servi ; elle eût été prise à revers ; et c'est précisément ce qui lui arrivait. Je crois mê-me que Félicien s'était un peu fié sur cette inexpérience de l'offensive chez la belle Dame , lorsqu'avec moi il avait tant fait le courageux. Il devait avoir compté sur l'embarras qu'elle aurait à le débusquer de sa position d'amoureux transi. Il s'y tenait donc , bien casematé , ne risquant de sorties que celles dont la retraite se trouvait assurée : il cherchait évi-demment à renverser le système de guerre. Et , (ce qu'il y a de plus piquant!) cet hommage vif sous son inertie, avait d'abord frappé, puis attiré, puis, je dirai presque, charmé la capricieuse Dame. Cette manière d'aimer si nouvelle flattait, dépitait, troublait, désorientait sa coquetterie. Ils en étaient là. Calcul d'une part, amour-propre de l'autre, aucun n'avançait. Félicien n'avait pas si mal pondéré son équilibre. Mais c'était un équilibre : un rien pouvait le détruire.

Quand il entra au bal, l'équilibre était en effet rompu : Mme. Aglaé, ordinairement gracieuse à son approche, avait pris un air dédaigneux et presque railleur qui le déconcertait.

Quelle position pour Duverger ! il était lancé maintenant : cette passion simulée devenait sa chose capitale ; si l'on découvrait qu'au fond il n'y avait rien, tout son édifice croulait. Il fallait donc, ou le soutenir, ou rester sous ses ruines. Si presser sa cour auprès de Mme. Aglaé était un danger, la déserter en était un bien plus grand ; force était de poursuivre !

Mais d'abord, pourquoi cette froideur subite ? Il y avait là-dessous quelque chose... Qu'était-ce ? Il ne devinait pas ; et cependant, pour peu qu'il tardât, il était perdu ; avancer, comment ? son courage faiblissait... Heureusement Léonce vint à lui d'une façon si hypocritement vindicative, qu'il comprit la griffe sous la patte de velours... Alors le cœur lui revint. Son camarade ne cessait de l'observer avec une attention maligne ; l'incarnat monta sur ses joues : il s'approcha respectueusement de la dame de ses pensées, et la pria à danser.

Mme. Aglaé ne s'attendait pas à cette invitation ; elle laissa échapper négligemment quelques mots d'excuse ; mais Félicien pressait avec une instance qui la désarmait par la surprise....Elle accepta.

Félicien rentra dans sa timide obscurité.

Quand la ritournelle convenue résonna, il était près de Mme. Aglaé. Il prit sa main et traversa le salon. Léonce, qu'il en avait prié, lui servait de vis-à-vis.

La belle danseuse avait pris son air dégagé, et attendait qu'il lui parlât. Quand la figure de contredanse fut finie, ils s'arrêtèrent en place :

— Je vous prie de m'excuser, madame, lui dit-il ; j'ai peut-être trop insisté tantôt ?....

Cette manière hardie d'aborder l'entretien, cherchait à prendre au dépourvu le ton sec de la danseuse ; mais son dédain l'emportait :

— Point du tout, M. Duverger, répondit-elle en riant ; c'est que j'étais assez surprise de vous voir ici....

— Oserai-je vous en demander la cause ?

— Oh ! mon Dieu ! si ; on m'assurait, hier, quelque part, que vous étiez tout entier à la composition d'un roman....

— Qui a pour titre ?

— Je ne sais ; *la Bergère des Alpes* , je crois , ou quelque chose de la sorte ; une espèce d'idylle empruntée au genre de Marmontel !.... J'aime beaucoup le genre pastoral ; vous nous ferez lire cela , n'est-ce pas ?

— A vous ?... Non , Madame !

— Et pourquoi donc ? on dit qu'il y a tant d'amour.... Ce doit être si divertissant ! M. Duverger, vous ne nous refuserez pas ?

— Je vous refuserai, Madame.

— Et la raison, à mon tour ?

— C'est malheureusement un secret de mon roman... Et si j'osais, je vous dirais que, pour vous seule, Madame, il ne peut y avoir de *Bergère des Alpes* , quand bien même j'en ferais exister une pour tout le monde.

La reprise de la contredanse les interrompit. Quand le pas fut fini, l'entretien recommença.

— Je suis donc une exception pour vous ?

— Oui , Madame.

— Et une exception ennemie , puisque vous me cachez ce que vous dites à tous ?

— Taire un mensonge est une preuve de respect, plutôt que d'hostilité.

— Votre roman pastoral est donc un mensonge ?

— Je ne sais trop ; mais, puisque je le débite à tout le monde , je dois y tenir assez peu, pour qu'il ne lui vaille pas la peine d'être une vérité.

— Mais alors, pourquoi tant de bruit d'une chose insignifiante ?

— Eh ! mon Dieu, Madame, ne vous ai-je pas dit que c'était mon secret ?

— M. Duverger, je veux le savoir , ce secret, reprit-elle coquettement.

La contredanse les coupa de nouveau.

Larivière, en face d'eux, avait d'abord démêlé la sécheresse de l'entretien; mais bientôt il avait vu s'échanger des paroles vives et pressées. Mme. Aglaé redevenait enjouée. Un intime dépit le tourmentait.

— Ce secret, M. Dnverger ?

— Madame, si un mystère vous tenait à cœur, le découririez-vous à tous ?

— A tous ? non....

— Et si tous voulaient le pénétrer, ne chercheriez-vous pas à détourner leurs yeux ?

— Votre idylle est donc pour les yeux de tous , et c'est là votre secret?

— Non, Madame, ce n'est pas là mon secret. Mon secret est dans le mystère que je veux couvrir.

— Et vous ne le dites pas celui-là?

— Mon Dieu! ne vous ai-je pas répondu, Madame, que c'était pour vous une affaire d'exception ?

La belle danseuse n'ajouta rien et demeura pensive , jusqu'à ce que la mesure reprît.

Quand, à la fin, Félicien saisit sa main pour la ramener, il se pencha vers elle :

— Je n'ose, Madame, vous remercier de cette contredanse , c'est presque vous rappeler une importunité....

Elle tourna la tête de son côté en souriant:

— Je ne sais d'importun que les secrets refusés ; taire une vérité , est-ce aussi du respect ?

— Non, mais si c'était de la peur, l'excuseriez-vous ?

Elle reprit sa place ; lui se retira et se perdit dans les groupes du salon. Larivière le réjoignit :

— Pas mal pour un début ! à quand la déclaration en forme ?

— Au bal de tes noces.

Léonce se mordit les lèvres.

Il vit bien que son camarade avait l'insulte de la victoire. Mais il ne lâchait pas prise, cependant. Il eut la hardiesse de conter à Mme. Aglaé, avec qui une certaine familiarité le lui permettait, un prétendu rendez-vous découvert à Félicien, pour le surlendemain , avec la grisette de la rue St.-Esprit; il paraissait s'en amuser beaucoup.

Duverger s'était approché.

— Félicien, lui dit malicieusement Léonce, je contais à madame, qui s'intéresse vivement à toi, les joies de ton cœur, et ton bonheur promis pour après-demain.

Félicien sourit, en acceptant le trait :

— Bonheur ?... oui ou non , cela dépend.... Demain je pars pour Marseille... Ce serait bonheur si Madame voulait me charger de quelque soin pour elle.

Mme. Aglaé le remercia avec grâce, en regrettant de n'avoir pas à profiter de ses bons offices. Mais quand Larivière se fut éloigné :

— Ah ! mon Dieu, reprit-elle, j'oubliais que j'ai quelques broderies à faire porter.... Serez-vous assez bon pour vous en charger, M. Duverger ?

— Disposez de moi, Madame.

— Eh bien ! je vous les enverrai.... mais si elles allaient s'égarer ?... vraiment, M. Duverger, je suis confuse de vous donner la peine de passer chez moi.... demain, à midi.... pardon !

— Demain à midi, Madame.

Le bal finit tard. Le lendemain, Félicien eut le bonheur de rencontrer un regard de Pauline. Vers midi, il prépara sa toilette de visite. Ses succès de la veille avaient déjà fait bruit. On la remarqua : une toilette au moment de monter en diligence, qu'était-ce donc ? Il fut épié.

Je sortis avec lui et je l'accompagnai jusqu'à la porte d'une maison élégante. Une servante, qui paraissait prévenue de sa visite, le reçut avec empressement. C'était l'heure des audiences de la cour ; mais il ne se troublait pas : il avait une parole claire et une pensée sereine qui me confondaient.

Quel nouveau danger ce téméraire enfant avait attiré sur sa tête ! Evidemment, il avait fixé l'attention de Mme. Aglaé. S'il ne lui eût d'abord adressé que des hommages empressés, elle s'y fût, peut-être, moins arrêtée, ou bien sa coquetterie habituelle eût pris plaisir à se jouer de lui ; mais, à force de se tenir en arrière, tout en paraissant l'aimer, il avait, sans le vouloir, éveillé chez elle une sorte d'émotion dont le péril, pour lui, s'aggravait à chaque instant. Ainsi, en même temps qu'il avançait, il cherchait à se retenir ; et, plus il y mettait d'efforts, plus il se trouvait contraint d'avancer encore.... Il voulait cependant rester fidèle à son amour : périlleuse alternative ! S'il poursuivait, que devenait Pauline ? S'il hésitait, que devenait sa fable ? Et il osait aborder un tête-à-tête !

C'est bien cette fois qu'il fallait dire : *trop joué !*

§

Duverger parcourut le long et frais vestibule de la maison où il venait recevoir une commission de broderies, et fut introduit dans un boudoir à petit jour, où il dut attendre quelques instans.

Dernier moment de recueillement ! Il avait besoin d'appeler à lui tout son courage. Ce n'était plus seulement à des langues acérées qu'il avait affaire, ni à des hostilités déclarées, avec lesquelles il pouvait rompre en visière.... Il se rendait à la sommation d'une séduisante dame, auprès de laquelle il avait étourdiment joué l'amour timide. Elle le recevait sous un prétexte trop frivole pour ne pas cacher quelque vague pensée plus sérieuse.... Il avait fini par s'émouvoir.

Mme. Aglaé entra en joli négligé, et, avec une bonne grâce bien différente de son premier accueil au bal, lorsqu'il l'avait priée à danser :

— En vérité, je suis toute confuse, M. Duverger, de vous avoir donné la peine de venir.....

— Je le suis bien plus moi-même de vous le voir regretter, Madame ; serait-ce donc en punition que je serais ici ?

— Vous en mériteriez une, assurément, pour votre inflexibilité d'hier soir.....

— Il me semble que dans ce cas, Madame, la peine aurait encore précédé la faute ; car, lorsque je m'approchai de vous, hier, vous me punissiez déjà....

— Je vous punissais ?

— Oui, puisque vous me repoussiez presque.

— Vous êtes boudeur, M. Duverger ! je croyais que c'était oublié, lorsque je vous demandai votre secret.... Allons, je vois, vous cherchez à éluder....

— Tenez, Madame, tout mon secret, c'est la franchise ; et, pour commencer à vous le dire, je vous avouerai que, si j'avais une pensée au cœur, j'hésiterais mille fois avant de la livrer !

— La livrer, oui ; mais la confier ? Vous n'avez donc foi en personne ?

— Pardon, Madame ; j'ai foi, j'aime cet abandon d'un épanchement ; mais je l'aimerais avec tant de laisser-aller, je me mettrais tant à merci, que vous m'excuserez d'en avoir peur....

— Vos confidences sont donc bien terribles, reprit la jolie Dame avec malice !

— Elles seraient plus que terribles, si elles étaient ridicules, et, malheureusement, l'ironie de votre question me rappelle celle d'hier, quand vous espériez trouver dans l'amour de mon roman *des choses fort divertissantes*.....

— J'ai tort, alors, de sourire, et je vais être bien sérieuse à vous écouter.

— A m'écouter ?.... mais, tenez, supposez qu'au lieu d'un badinage, il y eût du réel dans tout ceci ; supposez que vous voulussiez bien écouter un épanchement de jeune homme, et qu'il vous dît ce qu'il a dans l'âme, tout son amour, toutes ses adorations ; qu'il vous parlât de ce qu'il aime comme de l'être le plus noble, le plus pur, le plus doux au monde ; qu'il vous dît que jamais rien, ni obstacles, ni séductions ne pourraient faire fléchir les sentimens qu'il lui a voués; qu'il ne pense qu'à elle, qu'il ne s'entoure de prétextes et de mystères que pour elle ; supposez qu'il vous dit cela. Eh bien ! à quoi bon, et que répondriez-vous ?

— Je répondrais que je lui sais gré de sa confiance, et j'écouterais ses confidences avec intérêt....

— Oui, mais s'il vous disait que vous seule ne pouvez savoir à qui tant d'adoration s'adresse ; s'il vous demandait pardon de sentir son aveu expirer sur ses lèvres ; s'il tremblait, par un mot, de détruire son espoir, tout l'échaffaudage de sa tendresse; s'il avait peur de ne trouver qu'un froid dédain, là où il avait espéré cet intérêt dont vous me parlez, cette sympathie qui le ferait agenouiller de reconnaissance à vos pieds..... oh ! s'il désespérait de tout cela, mieux lui vaudrait mille fois n'avoir jamais ouvert la bouche, et garder pour lui seul ce qui ne pourrait trouver en vous ni assistance, ni pitié !

Mme. Aglaé écoutait cette vive expression d'un sentiment vague, mais passionné ; une émotion rêveuse lui dérobait l'à-propos de ses réponses. Agitée, elle se détourna par un effort d'aisance, cherchant à se donner à elle-même le change, sur l'origine et le progrès de ce singulier entretien.

— Vous voulez être sérieuse à m'écouter, poursuivit Félicien ; eh bien ! me permettrez-vous d'être sérieux à vous parler, moi ?

— Je désirais une confidence, répondit-elle par un dernier reste d'enjouement, mais je ne l'exigeais pas... j'écoute sans condition, entendez-vous ?

— Sans condition..... toujours ce mot ! et lorsque je me serais rendu à discrétion, que vous auriez reçu en ôtage toute ma franchise, alors vous souririez encore, avec ce mot odieux d'une coquetterie qui se joue : moi, c'était sans condition ?

— Et quelle condition donc, demanda-t-elle d'une voix faible et qui n'avait plus rien de badin ?

— Oh ! si vous la demandez, je ne saurai plus laquelle ! alors je vous dirai : la condition, c'est que vous les dictiez toutes....

Mme. Aglaé ne doutait plus du secret que son passionné danseur de la veille mettait tant d'effort à retenir.... mais plus l'entretien devenait pressant, plus elle sentait le besoin de le colorer de prétextes à ses propres yeux, et de ne paraître ni à Félicien ni à elle-même l'avoir provoqué.

— Puisque vous me les laissez toutes, reprit-elle, n'oubliez pas la commission 'de mes broderies, qu'en étourdie j'oubliais de vous donner ; je sors pour les prendre.....

Et elle quitta un instant le boudoir pour respirer un autre air... Quand elle revint, son paquet de broderie à la main, sa rougeur était tombée. Cela arrive ainsi dans les momens de trouble : on croit se raffermir en reprenant haleine ; on achève, au contraire, de s'épuiser. Les forces, qui du moins étaient encore éveillées, s'évanouissent, et vous sentez redoubler la conviction du péril....

Félicien aussi avait son danger, qu'il avait mesuré dans cet instant d'armistice. Il eût pu l'éviter, cette fois, mais alors il devenait plus tard inévitable. Vous savez qu'il est des maux dont on paralyse l'atteinte en se les donnant de propos délibéré ; ainsi lui : il avait prévu, affronté, provoqué ce danger : déjà la moitié du chemin était faite, puisque la belle Aglaé croyait à son amour : restait l'autre moitié !

Quand la coquette de la rue *Villeverte* entra, elle présenta à Duverger la broderie. C'était bien peu de gaze pour cacher son cœur..... Duverger repoussa l'ouvrage que serrait un joli ruban, et, d'une voix qui suppliait :

— De grâce ! dites-moi que vous ne songiez pas à me le donner ?

Le cœur d'une femme est ainsi fait, souvent : plus il est porté à s'abandonner, plus il a besoin d'illusion. Félicien, sans doute, priait avec un mot d'amour, mais avec un mot qui dérobait à la jeune femme son prétexte. Elle lui eût peut-être donné beaucoup, mais elle voulait qu'il acceptât, d'abord, le mensonge de cette commission...... Elle insistait muette, la main tendue.... Félicien la repoussa :

— Mon Dieu ! s'écria-t-il, je vous ai mis tout mon cœur entre les mains ; rien que cela : cette broderie était un prétexte !....

Si Félicien lui eût dit : rien qu'un mot : je vous aime ! elle ne se fût peut-être pas détournée ; mais demander comme un aveu d'amour, que ce qui devait seulement paraître l'effet d'un hasard, eût été la suite calculée d'un rendez-vous donné par elle.... il demandait trop ; il blessait !

— A la fin ! voilà donc une tirade de votre roman, reprit-elle avec ironie ! et vous disiez que ce n'était pas divertissant !

13

— A votre tour , n'éludez pas, Madame , Je vous en supplie ! je voulais me taire , vous m'en avez empêché ; je vous suppliais de me laisser un secret qui , en moi du moins, était à l'abri de dérision , vous l'avez exigé ; quand je vous ai demandé grâce, vous m'avez compris, vous m'avez écouté ; et , à présent que je suis désarmé , je deviens votre jouet ! Mais est-ce bien, cela ? Vous vouliez ma franchise , la voici : hier , vous avez été sévère au bal , je sais pourquoi : parce qu'on vous avait fait un conte de mes amours de grisette ; hier , vous avez d'abord refusé mes offres de commission , je sais pourquoi : parce que Léonce était là ; hier , un instant après , vous les avez agréées , je sais pourquoi : parce qu'il n'y était plus. Mais alors , pourquoi le taire , puisque c'est vrai, et qu'il devrait y avoir du bonheur à le dire ? Pourquoi le nier , lorsque cet aveu est le plus doux qu'il soit donné de confier ?

— Vous avez raison : je ne vous chargerai pas de ce paquet, M. Duverger ! — Je n'aurais jamais cru qu'une cause aussi futile pût faire naître de si singulières illusions ! je le reprends.

— Ainsi , Madame , tout ceci n'était qu'un amer badinage , et tout ce qui s'est dit entre nous était plus frivole que ces malheureux festons !.....
je m'abusais.... pardonnez-moi ; je croyais qu'il n'était pas loyal de se jouer de tant d'abandon , et surtout de tant de prières..... je le répète , je m'abusais....

— M. Duverger , vous interprétez bien mal un intérêt dont la sincérité.....

— Oh ! merci , Madame , plus rien, plus de cet intérêt auquel je m'illusionnerais encore.... c'est trop facile , avec vous !

— Vous pouvez vous rassurer, Monsieur, c'était de l'amitié que j'avais cru vous offrir ; mais du moment que vous dénaturez...

— De l'amitié !.. le mot est bien dur pour une consolation... et c'est donc à tout cela que je pouvais aspirer ?

— Je sens, M. Duverger, que c'est fort peu de chose pour une imagination romanesque ; aussi, dois-je m'excuser humblement de vous en avoir parlé.

— Que dites-vous ?... hélas, vous me la retirez donc aussi ? Mais que me restera-t-il de tant de rêves?— Oh! si j'osais vous la demander à genoux?

— Mais , réfléchissez-y , le dois-je ?... et si vous alliez vous méprendre encore ? c'est trop facile, dites-vous , avec moi..

— Oh! je vous le jure, plus d'illusion ! oubliez, et soyez assez bonne pour me garder ce mot d'amitié sur lequel je ne me tromperai plus ! et, dans le monde, me permettrez-vous quelque fois d'être auprès de vous ?

— Oui, et sans rancune.

— Et, au bal, y aura-t-il quelquefois, pour un ami, une contre-danse acceptée avec un bon sourire ?

— Assurément.

— Et cette broderie, allez-vous me la donner ?

— Oui, mais sans prétexte, au moins !

— Oh ! sans prétexte, j'y engage ma foi ! Daignerez-vous y croire ?

— Il le faut bien, vous priez toujours...

Je ne sais si Mme Aglaé, qui venait d'expier un peu de ce mal que sa coquetterie avait fait tant de fois, voyait, dans cette amitié improvisée, un charme ou quelque lointain prétexte ; mais la pensée lui en plut. Félicien, autour de qui l'image de Pauline n'avait cessé d'errer, prenant pour elle ses paroles d'amour, applaudissant à son adresse, effleurant à chaque mot les lèvres du jeune homme comme autant de baisers du soir de la Trinité ; Félicien, lui, était sauvé. Aux yeux de ses camarades, c'était Mme Aglaé qui triomphait ; auprès de Mme Aglaé et de fait, c'était Pauline. Et maintenant voyez sa victoire : il n'avait plus à soupirer, plus à implorer un amour qui pouvait le prendre au mot. Cet amour, il venait de l'abjurer. C'était promis. Oserait-elle lui faire enfreindre un serment ? Comme il se sentait fort !

Aussi, comme pour sceller le pacte, prit-il respectueusement la main de sa belle amie, lorsqu'elle lui remettait les broderies ; et il y déposa un humble baiser.

Quelques instans après, la diligence l'emportait vers Marseille, et, avec lui, son paquet de festons, ses espérances et ce piquant souvenir.

Seulement, convenez d'une chose : c'est que si, dans ce moment, il lui avait fallu s'adonner à des travaux historiques, à l'étude des systèmes de Kant, à l'exploration des découvertes de Gall ou de Spurzheim, lui, la tête remplie de luttes et d'amour, le malheureux eût dû pâlir devant cette horrible nécessité. Mais il avait bien oublié ses anciennes résolutions de rupture ! Qu'avait-il à songer encore à de sérieux projets de travail auprès de jeunes hommes graves, aux supplications dont il les avait poursuivis et qui n'étaient, au fond, que le langage d'une passion bien changée d'allure depuis ? Tout cela était donc fort loin de son esprit.

Mais sa prière était restée. S'il y avait mis d'abord moins d'insistance, elle aurait été facilement oubliée ; elle ne pouvait l'être, au contraire, si l'on songe à la vivacité de ses instances, lorsque je demandais avec lui la faveur d'une admission. La manière inspirée de ses traits, cette soif d'études qu'il avait laissé deviner à notre interlocuteur, cet instinct de respect qui se révélait en lui pour les intelligences au commerce desquelles il aspirait, tout cela avait trop intéressé en sa faveur; et son jeune âge n'était presque plus une objection, lorsqu'on lui avait demandé un travail dont il acceptait la tâche avec reconnaissance.

Ce travail, pourtant, ne venait pas : on me l'avait rappelé; je l'avais rappelé à mon tour à Félicien, mais vains efforts! le ressentiment d'abord, puis le raccomodemment qui avait suivi, puis les journées de la *Trinité* et de la *Fête-Dieu* avaient tout pris. Il promettait sans entendre, et me jurait qu'il serait en mesure, sans savoir, je crois, de quoi je lui avais parlé.

Je m'aperçus que ces inexcusables retards mettaient dans l'abord du protecteur de Félicien, de l'étonnement et du froid. En effet, c'était bien mal, après une demande déjà aussi singulière qu'elle avait été pressante, de laisser tomber tout désir, et de paraître avoir fait un enfantillage ou un jeu. J'en souffrais pour moi, et pour mon jeune ami surtout, de qui je voyais avec peine se détacher tout l'intérêt qu'il avait d'abord inspiré. Il pouvait y avoir pour lui tant d'avenir dans ces austères relations! Il le sentait lui-même, car il révérait ce cénacle, et se passionnait à la pensée des forces qui s'y concentraient. Mais vous qui connaissez ses préoccupations, vous l'excusez. Il emportait donc à Marseille ses rêveries; il laissait à Aix ses promesses de travail.

Il était dit, en vérité, que cet amour lui créerait sans cesse des obstacles, et cela, non-seulement dans ses progrès, mais jusques dans ses lacunes! Déjà, pour aimer Pauline, il avait eu lutte sur lutte; et voilà qu'il n'était pas, à présent, jusqu'à ce moment rapide où il avait voulu se dépouiller d'amour pour se jeter dans les bras de l'étude, il n'était pas jusqu'à ces heures négatives qui ne lui eussent légué leur embarras!

Et, je vous le dis, il était grand cet embarras, puisqu'il fallait arracher une chose presque impossible... Je ne sais si je fais bien, à l'occasion d'un si frivole récit, d'évoquer des souvenirs graves, qui se sont enfoncés dans ma mémoire, comme une empreinte historique? Mais Félicien, à cette heure, est à Marseille; je puis interrompre le fil de ce léger discours. Avant qu'il ne revienne, oh! laissez-moi vous retracer ces jeunes figures que j'ai connues à l'âge où fermentaient leurs premières pensées. C'est un propos plus digne et plus ferme. Ici, ce sont des hommes ; ceci était un entrelacement d'énergie par la foi commune , une association avec ses croyances de force future , comme il s'en est trouvé bien peu de plus dignes de méditation. J'ai vu : c'était simple et grave ; pourquoi ne dirais-je pas ?

§

C'était un véritable cénacle ; chacun y apportait une diversité de talens et de langage qui donnait lieu aux plus piquans contrastes.

J'ai déjà parlé de celui qui avait été le négociateur de l'admission de Duverger ; mais je n'ai pas tout dit. Sérieux et adonné aux études historiques, jusque dans ses travaux, son caractère aimant se retrouvait tout entier. Aussi, avait-il préféré à toute autre, l'histoire de nos contrées. De cette manière, il travaillait pour les lieux qui l'avaient vu naître ; si c'était de l'histoire, c'était la moins divergente qu'il eût pu trouver. Ses recherches n'embrassaient donc que la famille provençale, la sienne ; car, je vous le répète, ses œuvres se concentraient toutes vers le cœur. Et ensuite, s'il fesait trêve à ses investigations et à des travaux en droit, dont la magistrature, bien qu'il ne pût s'y attendre alors, devait un jour recueillir les fruits, c'étaient des compositions légères dont on n'eût jamais soupçonné la grâce à côté de tant de sévérité d'esprit ; il s'y jouait. Plusieurs ont lu ces pièces fugitives au parfum antique , et aux pensées pleines de mélancolie et de suavité. Ces pensées y étaient ramenées de loin en loin avec leur prose rythmée et leur expression de plus en plus vive. C'était comme une harmonieuse cadence de sentimens et de paroles, à chaque instant plus animée. Je sens que je ne puis ici transcrire aucun de ces morceaux, mais ils fesaient les délices de ces réunions puritaines, et nous les savions par cœur ; pas un de ceux qui les entendirent, si brillante que leur imagination ait grandi, n'en a perdu la souvenance ; tous , après les vicissitudes de destinées qui ont rempli leur mémoire de tant, et, pour plusieurs, de si hautes choses, tous pourront vous les réciter, comme une prière de l'enfance, avec cette mélodie aimée qui fait aussi partie de leurs souvenirs.

Un autre, maniant avec un égal succès la plume et le scalpel, semblait se plaire à introduire dans l'appréciation des choses d'art, cette rapidité de coup-d'œil, cette science d'observation et de détails qu'il rapportait de

l'amphithéâtre ; il y avait toujours de l'anatomiste dans la critique déliée qu'il exerçait sur des sujets littéraires et de peinture. Son ton était tranchant et bref ; il mettait sans façon *Ivanhoë* au-dessus de l'*Iliade* , et l'on pouvait déjà pressentir le critique qui préférerait Géricault et De–la–Roche à Girodet et même à Gérard. Devenu plus tard, grâce à son talent encouragé par les chaudes amitiés de son adolescence , conservateur d'un des musées de Paris , il semble maintenant avoir un peu cédé à cette heureuse nonchalance méridionale; qui lui permet à peine , à de rares intervalles, d'enrichir de quelques feuilletons savans et spirituels une des premières feuilles de la capitale.

De ce nombre était aussi un avocat dont le talent doux et persuasif prenait déjà , malgré une réserve et une modestie innées , le rang distingué qui lui appartint dans le barreau d'Aix. Il en fut quelque temps le Martignac. C'est ainsi de certains mérites solides ; leur place se fait d'elle–même et comme à leur insçu. Ils apporteront dans leur noble profession l'amour de l'étude et du travail, la conscience du devoir et une justesse de logique , une grâce d'élocution qui ne leur paraîtront que l'écho de leur conviction intérieure ; si aucun grand événement ne les détourne , ils suivront une carrière exempte d'ambition, estimés , applaudis , aimés ; si , au contraire , quelque mouvement subit dans les choses publiques séduit leur mérite par l'attrait des services qu'il pourra rendre , on les voit s'élever , aussi simples qu'auparavant. Leur talent prend le niveau de leur nouvelle fortune , et leur heureuse aptitude embrassera les intérêts d'ensemble de l'administration de la justice , comme naguères , devant la justice, elle embrassait les intérêts des simples citoyens. Celui–là demandait hier son entrée à la chambre des députés. Elle vient de lui être ouverte !

Là était encore un esprit abondant, aisé et net. Au surplus , chez lui , cette clarté était héréditaire. Une certaine mollesse semblait parfois énerver ces qualités dominantes de son intelligence, mais, le plus souvent, elle les relevait par la singularité du contraste. Confessons–le : il prenait un peu l'étude en *lazzarone*, ou , du moins , elle lui était si légère, qu'il semblait avoir sommeillé, lorsque , tout-à-coup, il vous surprenait par la richesse de son fonds. J'ai peu connu de pensée aussi fleurie , au milieu des aridités du droit. Légèrement malin sous sa débonnaire apparence , en éveil et actif sous son air d'apathie , soit qu'il dût s'adonner à l'enseignement des matières de jurisprudence , soit qu'il se consacrât à la rédaction méditée des contrats, soit qu'il tournât ses facultés vers les travaux du ministère public ou de la législature, c'est une chose curieuse comme, avec cette somnolence apparente, il pouvait se trouver instruit, clair, vigilant et judicieux. Son nom vient aussi de sortir de l'urne électorale.

Et, par un rapprochement que leur entrée imprévue dans la même carrière a rendu plus vif, ce que celui-ci répandait d'attrait par le calme de la pensée, un autre d'entr'eux le produisait par la chaleur de l'âme. Abondance par les facultés intellectuelles chez l'un, abondance par la véhémence de la sensibilité chez son ami ; là c'était, à côté du talent, une exubérance d'activité passionnée ; sa tête se fesait cœur. C'est qu'aussi cette génération était arrivée à la vie du monde dans un cruel moment : celui de nos revers et de l'invasion étrangère, alors que l'absolutisme s'efforçait de ternir nos gloires et de nous ravir des institutions si chèrement payées. La douleur de ces temps se ramassait donc toute dans leurs cœurs. Eh bien ! c'était en lui surtout que se personnifiait cette générosité de sentimens, cet amour de la chose publique, cette idolatrie pour le génie guerrier qui entraîna si loin les destinées de la France. Il entretenait le feu sacré, et y puisait ces traits de verve méridionale qui caractérisaient sa parole.

Mais poursuivons :

Plongé en de profondes études historiques, un de ces jeunes gens se fesait, de son côté, remarquer par son art prodigieux à résumer en quelques pages, en quelques lignes, une époque des temps modernes. Au lieu de s'attacher à dérouler complaisamment de longues séries de faits, il les condensait avec une surprenante force d'analyse. Il dominait l'histoire en la dépassant de toute la hauteur de sa vive intelligence. On devinait déjà l'auteur qui, tout en réduisant aux étroites proportions de deux volumes, le drame de la révolution française, ne lui ôta rien de son puissant intérêt, ni de sa saisissante physionomie. Esprit éminemment synthétique, il planait sur les faits pour embrasser leurs conséquences philosophiques ; je n'oublierai jamais avec quelle attention religieuse, groupés autour de lui, ils recevaient les prémices de son discours sur les *établissemens de St.-Louis*. Ils pressentaient déjà le jugement de l'Académie Française qni a couronné cette œuvre de conscience et de talent.

Mais celui à qui, dans l'ardeur de leurs jeunes espérances, ils ouvraient avec une foi que le temps a fortifiée, les splendeurs du rang et de la fortune politique, était ce jeune avocat qui semblait alors borner toute son ambition à la conquête des équivoques lauriers décernés par une académie de province. Il avait, en effet, envoyé au concours ouvert devant la Société des

Belles–lettres et d'agriculture d'Aix, son *éloge de Vauvenargues*. Il remerciait souvent le ciel de ce que, l'ayant fait naître à Marseille, il l'avait conduit à Aix. Sa mère s'y était établie dans un petit jardin du faubourg. Vraiment, ce jardin était un lieu favorable aux calmes études. Un berceau en
charmilles y conduisait, et les arbres fruitiers y étaient rapprochés au point
de former une agréable voûte de verdure. La maison s'élevait au fond, simple et de jolie apparence, n'ayant qu'un étage surmonté d'une treille qui
s'arrondissait sur la terrasse. Plus d'une fois, sans doute, le ministre des
affaires étrangères, le président du conseil, dans son magnifique hôtel du
boulevart des Capucines, a dû regretter cette maison de sa jeunesse, modeste et retirée, qu'enveloppait une verdoyante fraîcheur.

On m'excusera sans doute si je me laisse entraîner par les souvenirs d'une
vie d'abord si simple, si calme, et qu'un talent supérieur a ensuite em-
bellie de tous les prestiges de la gloire et des distinctions sociales. Il faut
bien que je le dise : de tous ceux dont je viens de parler, aucun ne doutait
que ce jeune ami dont ils admiraient la causerie brillante, la vive aptitude
aux sciences, les soudaines et animées réparties, l'improvisation souvent
aggressive et pétulante, et ce coloris spirituel et facile dont il la revêtait,
n'arrivât un jour aux postes les plus éminens de l'état. C'était à ce sujet une
conviction tellement entière et profonde, que jamais le moindre éveil de
sourire ironique ne parut sur une lèvre, quand l'un d'entr'eux disait de ce
jeune homme : *Quand il sera ministre.* Et ce futur ministre, ce chef parlementaire n'était alors, pourtant, qu'un simple camarade d'études et d'heureux délassemens.

Ainsi, ses amis assistaient à ses travaux littéraires; il les initiait à ses
conquêtes dans le domaine des sciences; il s'enfonçait avec amour dans le
chaos des connaissances les plus abstraites, et en rapportait une pensée
d'une merveilleuse limpidité. Alors commençait déjà cette fascination par la
force de l'intelligence, qui dominera sans cesse tous ceux qui se grouppent
autour de lui.

C'est qu'en effet ce n'était pas un goût de frivolités littéraires qui unissait
avec tant de ferveur les apôtres inconnus de cet obscur cénacle. Il ne s'agis-
sait là ni de chansons de table confiées au rire indulgent de l'amitié, ni de
langoureuses romances, pâle reflet de Millevoye. Leurs essais marquaient,
au contraire, par un caractère sérieux et utile. Quelques-unes même se rat-
tachaient aux plus hautes considérations de l'histoire et de la philosophie.
Coïncidence singulière, dont la similitude s'est même retrouvée sur une plus

vaste scène , et jusques dans les routes glorieuses et difficiles qui mènent au pouvoir : en même temps qu'à Paris , cette austère réunion que la plaisanterie française avait appelée *le Canapé* , préludait à sa haute influence politique et au maniement suprême des affaires , par une rénovation dans l'intelligence de l'art et de l'histoire ; en ce même temps le cénacle d'Aix , qui comptait aussi ses futurs ministres , ses futurs conseillers-d'état , ses futurs membres de l'institut , ses futurs députés et procureurs-généraux , suivait la même voie , étudiait le même terrain scientifique , se détachait également des routinières et surannées doctrines, pour tenter dans les champs de la science des chemins non battus. Mme. de Staël et Chateaubriand étaient alors leurs guides littéraires ; ils lisaient dans quelques vers couronnés par l'académie des Jeux Floraux , l'horoscope de l'auteur d'*Hernani*. La critique littéraire telle que Sainte-Beuve l'a comprise , était déjà instinctivement dans leurs causeries. De leurs lectures ressortaient, à tout instant, des appréciations historiques au point de vue élevé de M. Guizot , et une perception de la civilisation du moyen-âge , telle que la possède Augustin Thierry. Malgré les deux cents lieues qui les séparaient de Paris , ils n'étaient pas les disciples les moins fervens des esprits progressifs de l'époque ; et , plus tard , la tribune parlementaire et les séances de l'institut devaient prouver si leurs cœurs et leurs intelligences ne répondaient pas aux cœurs et aux intelligences des hommes éminens du pays.

Le charme de ces réunions , si entraînant et si senti , ne s'affaiblira jamais dans mon souvenir , sous la main des années : ordinairement elles avaient lieu dans l'après-midi du dimanche , chez celui que la cour d'Aix s'honore de compter aujourd'hui parmi ses membres. A trois heures l'assemblée était complète. Des lectures , des commentaires sur des lectures , donnaient à nos investigations , par la variété des tours et des aperçus, mille aspects saisissans. L'hôte aimable et affectueux qui nous accueillait, descendait quelquefois, alors, de ses sérieux travaux sur Kant, sur Thomas Reid , sur l'école Écossaise , sur Royer-Collard , pour nous faire entendre ses morceaux de douce prose antique , embaumés d'une grâce toute athénienne. Oh ! je me reporterai toujours avec un bonheur attendrissant vers ces soirées calmes et studieuses , au milieu de cette ville universitaire qui rappelle les cités savantes de l'Italie et de l'Allemagne ! Il me semble que j'ai encore là , à mon côté , cet autre jeune savant d'humeur un peu inquiète , qui , épris de sa chère ville d'Aix , a résisté aux plus pressantes sollicitations, et renoncé

14

même à un honorable emploi qui devait mettre cinq lieues entre lui et la cité qu'il aimait.

Celui-là, que j'avais omis tantôt, passait son temps à déchiffrer les inscriptions des tombeaux antiques. Une lettre lui suffisait pour reconstruire un mot, avec ce mot des mots, avec ces mots une phrase. C'étaient des tours de force surprenans dans la pénétration du style lapidaire; et si, parfois, ses interprétations rencontraient l'incrédulité, leur spirituelle vraisemblance leur assurait toujours bon accueil. C'était surtout dans des noms tronqués et défigurés par l'usage ou ensevelis sous les couches des divers patois superposés, que triomphait son talent de divination archéologique. A cette époque il s'était mis à suivre, dans les noms des plus obscurs villages, les mouvemens militaires de Marius, vainqueur des Kimris et des Teutons. A Carronte (*Currorum Statio*), il plaçait la station des chars de l'armée romaine; à Meyrargues (*Marii Ager*), un cantonnement du consul; à Marmet (*Marii Meta*), les bornes de son campement; à Mallemort (*Mala Mors*), un engagement terrible; à Mérindol (*Marii Dolium*), les réservoirs des aqueducs romains; il trouvait avec raison *Campi Putridi* dans le nom de la plaine de Pourrières, où les Barbares se brisèrent contre les boucliers des légions. Ainsi, grâces à ces ingénieuses étymologies, le monde antique renaissait autour de nous.

Ceci me rappelle la manière touchante avec laquelle notre maître, notre gùide (c'est ainsi qu'aimait à l'appeler celui qui, depuis, a présidé un conseil de ministres), nous parla d'une inscription gravée sur une fontaine qui coule au commencement du chemin de la Torse. Cette inscription latine désignait un homme de bien qui avait conduit en ce lieu pour l'usage commun, et à ses frais, *suis impensis*, des eaux très-salutaires, *aquas saluberrimas*. Et cependant, les injures des passans détruisaient peu à peu l'inscription; la fontaine, qui n'était pas sans quelque ornement d'architecture, se dégradait; et une mare pestilentielle s'étendait tout autour. Celui qui nous réunissait signala d'un ton pénétré l'insouciance municipale envers ce monument de bienfaisance. L'émotion de ses paroles retentit en nous, et, de proche en proche, jusques au conseil municipal. La fontaine fut sauvée de la destruction, et son bassin limpide put donner encore ces eaux que le fondateur y avait amenées, *aquas saluberrimas*.

Quelle différence entre cette douce communauté d'études, et ces compagnies scientifiques et littéraires, où l'on ne connaît bien souvent que la vanité d'y entrer, si rarement le plaisir d'y être! Elles ne sont point un lien, mais

seulement un lieu d'isolement où les talens se donnent rendez-vous par
amour-propre. On y arrive quand l'âge a refroidi le cœur ; on y vit en con-
templation, ou, tout au moins, en préoccupation de soi. Point d'amitié pour
fondre cette morgue ; les intrigues du monde y remplissent la moitié du
temps ; l'intimité manque pour réchauffer l'autre par les échanges, et la
rendre ainsi fructueuse. Dans la communion studieuse que je rappelle, au
contraire, une amitié fraternelle les liait tous les uns aux autres. Jamais une
jalouse rivalité ne s'y glissa, n'altéra un instant le charme de leurs réunions.
D'ailleurs, si cet égal amour des choses intellectuelles les confondait dans
un même sentiment, le hasard fesait apporter par chacun, dans la manifes-
tation de ses travaux, un caractère qui tranchait par sa spécialité : à l'un,
les rêveries de la philosophie germanique ; à l'autre, les grâces d'une séduisante plaidoierie ; à celui-ci, les méditations archéologiques ; à son compa-
gnon, les impressions de poésie ; l'un créait, l'autre critiquait ; qui s'atta-
chait à l'histoire, qui aux sciences exactes ou économiques ; la jurisprudence, le droit romain exerçaient l'activité studieuse d'un autre, tandis que
les beaux-arts enchantaient l'imagination de l'un de ses amis. L'isolement
aurait découragé bien des ardeurs naissantes et séché dans leurs fleurs bien
des fruits près de naître ; tandis que, s'appuyant les uns sur les autres, ils
trouvaient, dans leurs amicales communications, des conseils sans pédantisme, des paroles bienveillantes, et des promesses d'avenir qui se sont presque toutes réalisées.

Aucun attrait littéraire ne semblait devoir manquer à cette pléiade d'amitié.
Du milieu de ces intelligences qui aimaient à s'éclairer au flambeau les
unes des autres, s'élevait radieuse et parée de toutes les grâces de son
sexe, une image qui, plus d'une fois, dût bercer de ses enchante-
mens la gravité de ces jeunes hommes, et verser sur leurs veilles
le charme de sa riante imagination. Les esprits d'élite échappent rarement à cette séduction féérique : l'histoire, dont l'étude complétait
alors, pour eux, cette communauté d'idées, qu'une communauté de
sentimens avait ébauchée, en leur ouvrant ainsi le domaine des hautes abs-
tractions, l'histoire fournissait à celle-ci des images pittoresques, de piquans
tableaux de mœurs. Cette fraîche intelligence s'éprenait de sympathie pour
le moyen-âge et exerçait sa plume à en ressusciter l'intérêt. Plus tard, comme
si notre nature méridionale n'était plus capable d'étancher cette soif d'émotions vives qui l'altérait, comme si cette imagination eût craint de se dévorer,
à force de se concentrer en elle-même, et de s'éteindre au milieu de ses

richesses, elle demanda à l'Espagne des tons plus animés, des scènes plus
émouvantes. De Française elle se fit Castillanne; et, auprès d'elle, l'Espagne
réfugiée ne croyait plus avoir quitté sa patrie. Ces exilés qui roulaient dans
leur pensée toute une révolution, qui rêvaient tout un avenir de gloire et
de liberté, elle les obligea à lui révéler leurs mœurs et leurs passions che-
valeresques, leurs revers, leurs misères et les humiliations de leur malheureuse patrie ; elle se fit décrire les sites colorés de cette Espagne ; fond immense sur lequel, plus tard, elle devait broder des intrigues sans fin, et
qui va lui fournir des rapprochemens, des contrastes de caractères, dont
elle seule possède le secret.

Je n'aurais jamais songé à révéler ces mystères, si je n'y avais vu la dé-
monstration de ce que peut, pour l'avenir des jeunes hommes d'ardeur et
d'intelligence, une communauté d'affections et de pensées, contractée à
l'âge où la sève déborde dans le cœur et dans l'esprit. J'ai dit plus haut que
celui qni s'est élevé au-dessus de tous, remerciait le ciel de l'avoir fait venir
à Aix. En effet, quelque grands que soient ses talens, et quelque fortement
trempée que soit son âme, qui sait si son courage et sa vocation méconnue
ne se seraient pas brisés contre les obstacles opposés à ses élans de jeune
homme, par l'indifférence des gens de commerce et par le caractère marseillais ? A Marseille, jamais l'esprit d'association littéraire n'a pu naître ; la
jalousie et l'amour-propre qui le tuent, s'y trouvent au fond des cœurs,
l'amour-propre surtout, avec son injustice amère. Tant de distractions d'ailleurs y assaillent l'esprit, les préoccupations mercantiles absorbent à un si
haut point l'activité générale, que les sciences et les lettres y souffrent le
plus injurieux délaissement. De là un dédain ignorant pour les vocations littéraires, de là de méprisantes épigrammes en possession d'égayer le loisir des
hommes d'affaires, et qui, formulées en proverbes, passent de génération
en génération, pour étouffer en son germe toute réunion du genre de celle
qu'Aix voyait alors former dans son sein. Le ridicule (et l'on sait comme il
peut s'attacher à tout !) le ridicule, qui est souvent l'arme de la frivolité littéraire, eût tout dispersé. Pour le repousser, il faut une foi éclairée et forte,
et surtout l'intelligence élargie et fécondée par des études éminentes. Or,
cette foi manque ici ; tout labeur sérieux de l'esprit effraie. Des chansons ont
seules fait vivre des réunions gastronomiques plutôt que littéraires. Toute
dissertation grave eût fait naître au-dedans l'ennui et la torpeur, au dehors
la risée.

Eh ! plutôt, figurez-vous ces dix jeunes gens, réunis à Marseille par l'amour de l'étude , et prédisant à l'un d'entr'eux son poste futur à la tête des affaires : sitôt que cette phrase : *tel sera ministre un jour* , aurait franchi, comme il advint à Aix, l'étroite enceinte où elle aurait été prononcée : quelle joyeuse explosion de sarcasmes dans les cercles , dans les cafés , à *Casati* , à la bourse *!* Force eût été au futur président du conseil de se cacher de dépit et de honte , s'il n'eût voulu , à chaque pas , tomber dans le guet–apens de quelque ironique ou brutale félicitation ! Bien vite alors , le faisceau amical se fût dénoué , et chacun eût caché sa tête pour la dérober aux stigmates moqueurs dont la solidarité de cette prophétie l'eût menacé !

Et, cependant, que peut l'homme le plus courageux et le plus éclairé , s'il se trouve abandonné à lui–même , s'il veut ne compter que sur sa force solitaire , s'il ose , sans un bras ami, franchir tous les précipices , surmonter tous les obstacles , gravir tous les rocs ? Pour chacun n'y–a–t–il pas de ces momens de désillusionnement , de défaillance morale , où toute ardeur s'éteint, où des pensées décourageantes effacent l'éclat du but, où la paille qu'un souffle entraînerait, prend l'aspect d'une poutre , où le grain de sable se transforme en un pic infranchissable ? En de pareils momens , qui peut rendre à notre âme engourdie son élasticité , à nos projets leurs fascinations impérieuses ? Qui peut ramener dans notre cerveau et dans notre cœur , le jet de ce sang généreux , dont la fatale obsession d'une idée semble avoir arrêté les élancemens ? Ne sont–ce pas la voix , la tendresse , les exhortations de l'amitié ? Ne sont–ce pas l'autorité, l'exemple, les succès de ceux avec qui une fraternité d'études profondes nous aura indissolublement liés ?

Oui , pour moi , c'est une incontestable vérité , que la rapide fortune de ces anciens compagnons d'études leur vint en partie de cette force de cohésion qui les unissait ! Si vous saviez quel énergique sentiment agitait toutes les puissances de leurs âmes , quand celui d'entr'eux à qui tant de gloire était réservée , les quitta ! Leurs vœux , leurs lettres , leurs applaudissemens allaient le trouver à Paris ; l'isolement et le silence ne l'entourèrent jamais ! Si Paris ignorait encore le secret de sa force et de sa destinée , dix jeunes gens d'intelligence et de foi le lui rappelaient sans cesse , en le sommant de demander hautement à la fortune ce qu'elle lui devait. Ces dix jeunes gens avaient été son seul public pendant les douces années de son adolescence , il leur est toujours resté fidèle ; et quand il a touché enfin au but éclatant qu'ils lui montrèrent de si bonne heure, eux aussi se sont élevés au niveau de leurs heureuses et puissantes facultés ; et ce n'a été , entr'eux tous , ni alliance politique, ni pacte d'ambition, mais foi commune et indivisible amitié.

Eh bien ! encore une fois, c'est là que Félicien avait voulu entrer, et maintenant il le fallait ! Quel travail soumettre à ce sévère aréopage ? L'imagination ne suffit pas sans une étude pour base : cette étude, à quoi la demander, où la puiser avec un peu de calme ? Je cherchais en vain.

A son retour, j'insistai auprès de mon jeune ami. Il me promit encore (il me promettait toujours) ; il me protesta de sa résolution de tenir parole. Comme je paraissais douter :

— Mais c'est mon intérêt, mon cher ! il le faut pour sortir d'embarras, sans doute ; mais j'y tiens aussi parce que je les admire, j'y tiens pour bien davantage, car voyez-vous ? mes camarades m'excèdent, et c'est un moyen de m'en détacher. Ils riront, tant mieux ! je serai libre.... ceux-ci, du moins, qui sont des esprits élevés, m'accueilleront, si je les écoute, m'encourageront, si je tente quelque chose, mais ils n'iront pas fouiller dans mes heures, dans les replis de mon existence ! ainsi, bien positivement, j'entends travailler auprès d'eux ; peu à présent, davantage ensuite.

— Soit, lui dis-je, mais quand je verrai....

— Eh bien ! vous verrez bientôt.

Deux jours après il reprit ce sujet :

— Vous devez être content, mon cher, l'œuvre est terminée !

— Terminée ? voyons !

— Oh ! mieux que cela ! terminée et remise.

— Comment !.... je croyais, ajoutai-je avec un sentiment de peine, que votre amitié me l'aurait communiquée.

— Vous l'avouerai-je ? j'ai craint votre prudence. J'ai pris mon parti en brave, tout seul ! c'est-à-dire, pas tout-à-fait seul ; j'ai travaillé avec quelqu'un qui est un bon guide.

— Avec qui ?

— Avec Pauline.

— Mais vous avez perdu la tête, en vérité.... que signifie ?....

— Je n'ai pas perdu la tête, du tout ! j'ai conféré très au long de mon sujet avec Pauline, et (ceci entre nous) il y a beaucoup de ses idées dans mon travail.... quand je vous dis que c'est un ange inspirateur !

Je haussai les épaules à ce propos d'écervelé ; je n'étais pas peu inquiet de l'incartade que je pressentais. Mais impossible de lui arracher un mot de plus ! à chaque question, il me répondait : allez leur en demander de nouvelles !

Convenez qu'il est quelquefois embarrassant de se faire l'éditeur responsable des extravagances d'un amoureux !

§

Je désirais et je tremblais de connaître ce travail si inconsidérément remis par Duverger. En toute autre occasion je me fusse rassuré , en réfléchissant à la solidité ordinaire de son jugement. Mais ici sa conversation décousue, et surtout les raisons qu'il m'avait données pour me tranquilliser , me fesaient craindre , en vérité , que sa tête ne battît la campagne. Pauline était sans doute une céleste fille , mais enfin littérature et science à part. Si Félicien avait voulu dire qu'il avait parlé de son amour pour elle , où allait-il avec des imprudences pareilles ? Alors c'était bien pis ! Je ne savais prendre la question par quelque bout , sans arriver tout au moins à cette conclusion inquiétante , qu'un cerveau dans cet état risquait fort d'avoir fourni , à de tels appréciateurs , le droit de le juger bien sévèrement.

Enfin , j'atteignis celui dont le patronage me tranquillisait. Il m'accueillit en souriant , mais d'une manière assez réservée pour ne pas me permettre de démêler si c'était satisfaction ou légère humeur.

— Eh bien ! me dit-il , votre recommandé s'est exécuté. J'ai sur moi son travail.

— Je pris l'écrit avec anxiété. Il ne m'en dit pas davantage , sauf ces mots :

— Le billet d'envoi , d'abord....

Je lus :

Monsieur ,

« J'accomplis bien tard , et , je crains , bien mal , ma promesse. Vous
« aviez désiré un travail sérieux , et je ne vous offre qu'un essai sur des
« choses frivoles. Veuillez être assez bon pour ne pas me juger à la légè-
« reté d'un sujet de pure imagination , et croire plutôt à ma ferveur de
« disciple. Si j'ose vous adresser ce qui suit , ce n'est à aucun titre. C'est
« seulement une imitation d'écolier. En s'arrêtant , d'abord , à vos leçons
« les plus séduisantes , cet écolier a tâché de se placer sous votre protec-

« tion ; il vous la demande avec une nouvelle instance , et vous prie d'a-
« gréer , etc. »

Je jetai, aussitôt, les yeux sur la composition littéraire dont l'énigme
me tourmentait. Il ne me fut pas, en effet, difficile de reconnaître une
imitation des pièces légères de mon interlocuteur.

I.

Détourne la tête , jeune fille , détourne les yeux au moins , et ne me
reconnais jamais , car ils verraient que nous nous aimons !

Jeune fille , je ne t'avais pas vue descendre de tes montagnes de Thes-
salie , avec ton frais visage et tes longs cheveux ; je te connaissais à peine,
quand les discours de ces jeunes athéniens te révélèrent ; et leurs discours
étaient vénéneux comme la cigüe ! mais la candeur virginale de ton sourire
est plus douce que le miel du mont Hymette , si douce que la cigüe ne
pouvait la corrompre : malgré leurs discours, et, rien que sur ton sourire ,
je t'aimais déjà !

Dis-moi , les fleurs que j'avais cueillies sur les rives du Céphise , ces
fleurs étaient-elles assez belles ? Quand je les fis pleuvoir sur ton front, tu
les recueillis , rieuse , et tu les déposas sous ta simple tunique : y repo-
sèrent-elles long-temps , et , quand leur parfum s'exhalait de ton sein , à
qui pensais-tu ?

Dis-moi , encore , ce soir que , ne sachant si j'avais de toi quelque promesse , j'accourus près de ton gynécée : nous murmurâmes à peine quelques mots , et tu disparus comme une ombre légère; réponds : si le danger
n'eût pas fait battre ton cœur , ne serais-tu pas restée un peu plus long-
temps ?

Et ce soir , aussi , où j'arrêtai ta marche sous les cariatides sombres du
palais du vieil Archonte , quand j'approchai de ma bouche tremblante ta
main sans force , si ta main avait pu t'obéir , l'aurais-tu retirée ? Oh ! tu
ne l'aurais pas ravie à mes lèvres , car tu m'aimais déjà , n'est-ce pas ?

Détourne toujours la tête , jeune fille , détourne les yeux au moins , et
ne me reconnais jamais ! ils verraient que nous nous aimons !

II.

Pour cacher notre amour à ces envieux , sais–tu ce que j'ai dit? J'ai tout dit ! et ils sont si habitués à la tromperie, qu'ils n'ont jamais pu croire que ce fût la vérité / et ils étaient si humiliés de ne pas obtenir un seul de tes doux regards, qu'ils m'ont raillé ! ils assurent que tu ne m'aimes pas : oh ! que je suis heureux !

Tu te souviens , au Parthénon, quand , au milieu de l'encens des mystères , je t'apparus avec l'un d'eux : tu regardais, distraite, l'acanthe des chapiteaux ; et, ensuite , ton adoration était si profonde, que ta jolie tête inclinée ne pouvait plus se relever. Il interrompit le saint mystère pour me plaindre : et , pourtant, c'était bien notre amour que tu contemplais dans l'acanthe de la colonne , c'était bien notre amour que tu adorais, prosternée sur le parvis !

J'avais destiné à ta simple parure un présent pour les fêtes de Flore , quand les chœurs iraient sous les ombrages de l'Ilissus. Tu l'avais désiré , ce présent , et tu le refusas ! Cependant , ce n'était pas l'ouvrage de quelque habile ciseleur d'Ionie, ce n'étaient pas des pierres précieuses venues de Médie ou de Perse; c'étaient quelques paillettes d'or qui devaient se perdre dans ton ondoyante chevelure, c'étaient deux modestes couronnes dont l'azur me rappelaient tes yeux , et un amour pur comme le ciel qui s'y réfléchit: tu me refusas ; tu me fis bien du mal !

Aussi, quand je courus aux danses , ni les bosquets fleuris , ni la cadence des joueurs de flûte , ni la pensée de tout ce que nous avions à nous dire , rien ne dissipa ma colère. Je maudis notre amour, et, lorsque je me penchai vers toi, c'était pour refuser ta main de danseuse , et te dire que j'avais l'âme plus aride que la roche la plus déchirée du cap Sunium. Oh ! nous nous étions fait bien du mal !

Mais le regret calma bientôt la douleur , comme le baume la blessure. Notre dictame , c'était l'amour. En dépit de cette jeunesse qui nous épiait , nos cœurs se parlèrent ; et alors, nous retrouvâmes le parfum des bosquets en fleurs , la vive cadence des flûtes champêtres, et l'échange muet de

15

l'ivresse de nos âmes. Non, non, je n'ai pas dit que nous nous étions fait du mal, mais que nous avions doublé notre bonheur !

Oh ! détourne bien la tête, jeune fille, détourne les yeux au moins, et ne me reconnais jamais ! ils verraient que nous nous aimons !

III.

Jeune fille, tu m'avais promis quelques instans de nocturne mystère. Tu me l'avais juré ; tu m'as trahi ! Va, j'ai bien souffert, j'ai roulé de bien sinistres pensées : je disais que je voulais t'oublier ! Mais, tu as tant pleuré sous ton voile, au temple de la Déesse, que je n'ai pu rien oublier de toi, et que j'ai aimé jusqu'à ton parjure. Je ne sais pas tenir contre tes larmes, mais c'est tout simple : tes larmes sont de l'amour, et je ne sais pas tenir contre ton amour !

Mais est-il rien aussi de comparable à cet amour ? Tu me l'as fait entrevoir, quand tous étaient allés aux jeux, le soir, sous les grands arbres de la porte d'Egée. Oh ! je ne connais pas de rayon plus divin que ton regard, de murmure plus doux que ta voix, de zéphyr plus caressant que ton soufle, de rosée plus céleste que celle que versèrent tes lèvres sur mon cœur ! Jeune fille, j'ai joué avec tes cheveux et respiré dans ton haleine.... rien n'est doux ainsi.

Ne t'alarme pas, si tu me vois entraîné par ces jeunes athéniens à leurs jeux, à leurs bruyans plaisirs. Va, je sais une joie plus suave que celle de leurs festins ! je sais une ivresse plus pénétrante que celle du vin de Crète ! Je sais une étreinte plus délicieuse que celle de leurs guirlandes de fleurs ! Rassure-toi bien, ma folie n'est qu'un manteau léger pour cacher mon cœur.

Ne t'alarme pas, si tu me vois converser avec les philosophes du Portique et les savans du Lycée. La philosophie est un manteau sombre qui doit envelopper mon amour, pour qu'il se glisse moins observé jusqu'à toi.

Ne t'alarme pas, si tu m'aperçois près d'une belle dame Athénienne. Ceci, c'est un manteau de pourpre, afin d'éblouir les yeux qui ne doivent pas te voir ! après les Panathénées , elle m'a reçu chez elle. Mais sais-tu ce que j'ai fait ? je ne lui ai parlé que de notre amour et de nos secrets... et comme elle prenait pour elle cet amour et ces secrets , je lui ai dit seulement pourquoi elle me recevait et elle m'a repoussé ! Pourquoi nous accourons l'un vers l'autre , nous ne craignons pas de nous le dire , nous !

Jeune fille , je ne veux plus te parler de mon présent refusé. Je te l'avais encore une fois donné , et , encore une fois , tu me l'as rendu. Si léger, il te pesait. Je l'ai toujours , mais je ne te l'offre plus. Un jour peut-être tu le reprendras ; un jour peut-être il parera ton visage bien-aimé. Ce jour là , toi seule l'auras voulu.

En attendant , détourne , oh ! détourne bien la tête , jeune fille , détourne les yeux au moins et ne me reconnais jamais ! ils verraient que nous nous aimons !

Moi aussi je détournerai la tête, pour cacher mon émotion.

Notre entretien reprit ensuite, et nous devisames longuement sur la poésie antique , et sur les trésors qu'elle renfermait pour les jeunes imaginations.

Le sourire qui m'avait accueilli était donc un sourire de faveur. Pauline avait bien intercédé pour Félicien : il était rentré en grâce. Imagination passionnée, pour qui les obstacles étaient non-seulement des occasions de douces victoires , mais encore un moyen de porter audacieusement à toutes les oreilles le retentissement de son amour !

Ainsi tout était franchi ! l'ignorance de son bonheur était complète : l'amitié de Mme. Aglaé le protégeait sans péril : son affiliation studieuse lui ouvrait un asile calme au milieu de nobles travaux : la subtilité de ses camarades était épuisée, blasée sur ses intelligences avec la jeune fille ; et ce commerce amoureux enfin , il l'avait resserré avec tant d'art, qu'une chaîne invisible les unissait sans cesse , et fesait aussitôt rebondir dans l'un de leurs cœurs la commotion que l'autre avait ressentie. Hélas pourquoi était-ce déjà le moment de quitter l'école ? Nos examens étaient passés , nos thèses soutenues ; Léonce lui-même était sorti de la sienne. Rapprochés encore , mais au moment de nous disséminer pour la vie , il ne nous restait plus que le temps d'un cordial et suprême adieu.

Une proposition avait été jetée, et , par acclamation accueillie : c'était de resserrer dans une dernière journée de gaité , comme dans une bonne étreinte , nos liens d'école près de se dénouer. Larivière allait repasser les mers ; la plupart d'entre nous retournaient dans leur ville natale , pour y reprendre le fardeau réel de la vie, avec ses agitations qui ne finissent jamais plus....

Encore une journée d'école ! dîmes-nous ; et le jour fut marqué.

Nous passâmes cette journée aux champs : nous voulions conserver toute la liberté des clameurs , toute l'expansion de l'esprit sous un beau ciel , et cette indépendance du vêtement d'école, qu'il nous fallait aussi quitter : chapeaux de paille , vestes légères , chaussure lourde de campagne ; nous étions toujours étudians.

Les heures s'écoulèrent rapidement.

Le matin , nous parcourûmes , une fois encore , les rochers semés de broussailles , qui revêtent les plateaux des collines voisines. Ce sont de hautes plaines cailloutées de roches , aux fissures desquelles pendent des milliers de plantes laiteuses. Ce sont , de loin en loin , l'yeuse au noir feuillage , le pâle amandier qui semble une ombre d'arbre ; quelquefois des pins inclinés ; dans les intervalles , de hauts gazons, et partout un air de lavande et de genêt. Étranges plaines , à peine ondulées , dans lesquelles cependant il faut serpenter sans cesse , avec la moitié du corps dans les longues herbes et le bloc voisin pour horizon. Dans ces lieux , la causerie serpente comme les promeneurs. On s'arrête , on s'appelle , les roches sont autant de siéges ; et , pendant qu'insouciante, la main frappe à droite et à gauche de son bâton léger la broussaille épineuse du sentier , l'entretien erre à l'aventure. Nous dîmes aussi notre adieu aux vestiges des vieilles voies romaines : la roue des chars y creusa jadis dans le tuf de si profondes ornières , que le temps ne les a pas effacées. Ce lieu s'appelle la *Colline des Pauvres* : ce sont les plaines monotones de *Bas de Cuir* , avec deux mille ans d'histoire sous les pieds.

Quand les ardeurs du jour se suspendirent sur nos têtes , nous cherchâmes un frais refuge sous les grottes tapissées de jasmins , qui s'entrouvrent aux flancs de ces coteaux. Je ne vous dirai pas les bosquets et les berceaux odorans qu'y avait entrelacés la main rustique de *Jean-Joseph*, le pépiniériste de ce désert , vous ne me croiriez pas ! non plus que cette hutte sous les racines d'un pin énorme , où chaque soir , un chasseur basané, avec son fusil luisant et ses furets , venait faire flamber la broussaille , bruire la chair et , lui et ses deux chiens, faire ronfler leur poitrine oppressée de sommeil ; vous croiriez que j'invente ! ni sous nos yeux , la *Pinette* , villa vivante et enjouée ; ni , plus loin, les ombrages incultes et éplorés de *Repentance* ; ni, dans l'azur, la lointaine tour de la *Keirié*, espèce de phare de ces solitudes : vous croiriez que j'arrange un tableau de fantaisie !... Nous reprîmes là tout le fil de notre vie d'étudians : fêtes , études , folies, amours, espérances, tout se croisa de l'un a l'autre, mais sans abandon cependant, et plutôt avec le sautillage qui sépare une causerie de camarades d'un épanchement d'ami. Je n'ai pas le temps de vous tout conter.

Plus tard vint l'heure du festin ; préparé de nos mains, il était enfumé ou non , qu'importe ! c'était la dernière table qui nous rassemblait : ce choc de nos verres était notre adieu de jeunesse : de peur qu'il ne fût triste , il fut bruyant; il se prolongea , et le soleil dorait l'occident , quand nous finissions. Que ne puis-je vous parler de cet Aix , vu sous nos pieds du sommet des rocs ; de sa ceinture verdoyante de boulevarts , de ses deux clochers *St.-Sauveur* et *St.-Jean* , de ses routes blanches qui s'irradient dans tous les sens..... St.-Jean , flèche élancée, ouvrage des Templiers , bâti en dentelles..... Mon Dieu , je suis encore comme nous étions alors ; je sens que je vais quitter l'histoire de ces lieux , qu'encore un peu de temps et je n'aurai plus rien à dire ; et, dans mon regret , je me prends à tout , à des broussailles , à une vieille tour , à un clocher , pour ne m'en séparer qu'un peu plus tard.

Cette flèche aérienne nous avait, depuis long-temps, envoyé les sept coups de son horloge. Félicien , qui se trouvait des nôtres, et non le moins enjoué, se dégagea de nous le premier. Il partait le lendemain matin et avait encore à faire ses malles.

— A tantôt, dans nos chambres ! nous dit-il ; et il s'éloigna.

Ai-je besoin de vous dire la véritable cause de sa retraite ? Il partait. Un dernier rendez-vous était promis , attendu, dévoré d'avance. Avant notre rentrée et celle de Mme. Gatouneaux , ils avaient espéré pouvoir se parler un instant....

Je l'avais accompagné jusqu'au détour des roches ; quand il fut hors de leur vue, il prit sa course. Dans sa descente précipitée , il voltigeait , je crois , tant légère était sa fuite. Nos collines pierreuses offrent un charme inconnu à bien des pays montagneux: sur le versant des monts , les eaux torrentuelles amassent , par les ravines , des lits de cailloux mobiles qui y restent quand l'orage est passé , comme la neige en été dans les creux des Alpes : lancez-vous là-dedans d'un pied hardi ! n'hésitez pas, car vous rouleriez; mais, d'une jambe allongée, tandis que l'autre assouplie ménage la

chute , plongez de ravine en ravine ! déjà votre saut était élancé... Eh bien !
la pierre roulante en double l'étendue ! Ainsi, les hauteurs s'abaissent, la
montagne grandit derrière vous , la vallée remonte et vous fendez l'air....
Je le suivis des yeux , mon jeune ami, à qui l'amour donnait des ailes. Bientôt il eut disparu. Alors je revins sur mes pas, et je rejoignis la bande joyeuse.
Mais leur rage d'investigations s'était encore une fois ranimée.

— Pour faire ses malles ! ne les eût-il pas faites avec nous ? c'est un prétexte, disait Léonce !

— C'est pour Mme. Aglaé , disait d'Alleins : un tendre adieu, je gage !

— Prenons l'effronté par la gorge , reprenait Larivière !

— Eh bien ! partons ! ajoutait Chevrier.

— Partons ! partons ! et de suite ! répétèrent-ils tous.

Vite , les préparatifs du retour furent faits : on chargea les gibecières , la
campagne hospitalière fut fermée.

— En avant marche ! cria Léonce.

Et ils prirent vivement le sentier , comme une troupe de braconniers
entrant en chasse, ou plutôt comme une bande qui va faire un mauvais
coup.

Je suivais , cherchant à ralentir leur pas ; ils allaient bien vîte !...

Mais Félicien avait de l'avance ; il arrive, elle va venir. Il monte à sa
chambre et redescend aussitôt dans la grand'salle , là , là, dans ce pandé-
monium de l'école où rugissaient la médisance et la jalousie, là il l'attendait.... elle ne tarda pas.

Quand ces pauvres enfans se revirent , ils ne trouvaient rien à se dire ,
d'abord ; ce fut une étreinte sans voix , sans regard , mais forte de toute
l'énergie de leur amour. Il était tout haletant de sa course , Félicien. Lorsqu'ils s'assirent l'un près de l'autre , sur le canapé aux dessins antiques :

— Combien j'ai tardé, dit Félicien ! ils m'ont tant retenu !

— N'y songeons plus ! maintenant je vous ai. Que vous avez dû courir !

— Si j'ai couru ? oh ! c'était vers vous.... je crois que je volais !

— Mon Félicien !...

En même temps sa main parcourait les cheveux inondés du jeune étudiant,
et séchait du coin de son fichu , ce cou bien-aimé tout ruisselant de sueur.

— Ton Félicien.... oh ! c'est vrai ! je t'aime bien, je suis bien à toi !
dis-le encore : *ton Félicien* !

Et il se suspendait sous la tête de la jolie fille , la bouche avide , le cœur
altéré , attendant une seconde fois l'ivresse de cet adorable mot : *son*
Félicien !

Pauline le soutenait encore tout agité, et restait muette, avec un air de bonheur, mais de bonheur triste cependant.....

— Oui, reprenait son amant, ton Félicien, car rien ne t'en sépare! ton Félicien, car personne ne sait qu'il est ton bien! ton Félicien, parce qu'ils s'en vont pour toujours, eux, et que lui doit revenir! ton Félicien, parce qu'il met en ton amour toute son âme! Oh les mauvais jours sont passés, les beaux se lèvent; que de voiles nous couvrent, que de temps devant nous, que d'amour en nous!.... oui, toi aussi, dis-le moi: *mon Félicien, je t'aime*!

Pauline le soutenait toujours, la main sur le front de son amant dont elle écartait machinalement les cheveux : elle le retenait et le repoussait à la fois.

— O amour que tu es, reprenait-il, réponds-moi! — Elle ne répondait pas, et se prit à pleurer.....

— Des pleurs, Pauline, des pleurs! efface ou plutôt laisse-moi les effacer de tout mon visage!

— N'effacez pas, c'est inutile...

— Ne t'aimé-je pas assez, dis?

— Oh!.... trop! ajouta sa voix éteinte.

— Eh bien! mon amour, toi alors?

— Moi.... mais pour moi ce n'est pas de même! acheva-t-elle en fondant en larmes.

Pauvre Félicien! ne se l'était-il pas dit le premier jour: *on se liera, mais est-ce pour se délier?* aujourd'hui le cœur de Pauline lui répondait par la même pensée. Lui aussi baissa les yeux; et, leurs doigts entrelacés, ils ne parlèrent plus. Les longues larmes de Pauline descendaient du visage de cette douce créature sur le sien; elles tombaient, goutte à goutte, sur leur mains immobiles :

— Parlez-moi, vous, parlez-moi! Votre tristesse m'ôte l'âme : je vous affligerai donc toujours!

— Pauline, ce que tu sens, je le sens; et je ne veux pas t'étourdir..... crois-tu que je ne l'aie pas combattu cet amour qui est le nôtre?

— Ne me dites pas ces choses, elles m'étourdissent encore plus.....

— Eh! quoi te dire, si ce n'est que je te révère, que ta volonté est souveraine, et que je ne toucherais pas, si cela devait t'affliger, à une seule flotte de tes cheveux!

— O mon Dieu, mon Dieu! jamais, non jamais on ne fut aimée comme moi ! Félicien, oui, mon Félicien, pardonnez, ayez pitié de moi, ne vous affligez pas, mais je ne puis vous dire cette parole que vous me demandez.... Oh ! je suis toute à vous. C'est moi, aussi, qui vous ai écouté, c'est moi qui ai eu tort ; vous êtes mon maître, vous êtes tout ; mais je vous en prie, cette seule grâce : plus tard.... aimez-moi assez pour cela ; dans dix jours....Est-ce que vous ne devez pas revenir dans dix jours ?

— Dix jours, c'est un siècle ! dix jours, mon âme... Eh ! qui sait s'ils nous appartiennent ces dix jours ?

— Oh ! ne me parlez pas ainsi ! vous me rendriez trop malheureuse.... vous ne le voulez pas, oh ! non ?

— Pauline, c'est toi qui veux, dans dix jours je serai à tes genoux ; mais alors tu m'aimeras sans larmes ?

— Oh ! sans larmes !

— Et tu m'aimeras comme je t'aime ?

— Oui !

— Eh tu m'aimeras....

— Oui, oui, à tout oui !

— O Pauline ma bien-aimée ! alors ils ne seront plus là ; alors nous serons sans trouble....

Tout-à-coup, les deux amans tressaillirent, aux coups redoublés du marteau. Des voix bien connues résonnaient à la porte.

— Mon Dieu ! ce sont eux !.... dit Félicien sans haleine.

Pressés et tremblans, ils s'échappèrent du salon ; lui, se glissa dans l'ombre des caves, jusqu'aux entrailles de la vieille maison ; elle passa dans un recoin obscur de l'office de Marianne, et s'assit, épuisée ; Marianne alla ouvrir.

— Félicien n'est-il pas entré, demanda Léonce avec précipitation ?

— Je ne sais pas, répondit la pauvre femme tremblante ; tantôt la porte était ouverte....

— Alors, montons ! dit Emile.

Larivière le suivit ; nous restions dans le vestibule, Dupuis, Chevrier et moi.

— Il y a dans sa chambre son bâton et son chapeau de paille, crièrent-ils d'en haut ! mais, à coup sûr, il ne fait pas ses malles: il n'y est pas.

— Il est donc sorti, s'exclamèrent-ils tous, et c'est parce que l'heure pressait qu'il nous a fait un mensonge !

Pendant ce temps, ils déposèrent leurs bâtons dans la grand salle.

— Vite a sa piste ! cria Léonce. Elle sera piquante l'aventure ! vous verrez qu'il nous soutiendra encore que c'est de Pauline qu'il est amoureux ! — Ils partirent donc, moi avec eux, pour la rue soupçonnée : ils allaient se poster en sentinelle.... je respirai.

A peine la porte se refermait-elle, que Félicien remontait ranimé :

— Eh bien ! tu vois où ils me cherchent ? s'écria-t-il d'un accent de joie. Ils courent bien loin.... oh ! encore un instant ?

Mais le cœur battait à Pauline, comme tantôt le marteau sur la porte. Elle ne pouvait se rassurer.

— Pauline, nous somme sauvés, maintenant...

— Oh ! plus rien ! j'ai peur....

— Mais non, c'était une fausse alarme !

— De grâce, quittons-nous ! je ne puis plus songer à rien, j'ai peur...

Félicien entoura de son bras la taille chancelante de cette fille adorée ; il la couvrait de baisers.

— Ah ! reprit-elle par un éclair de pensée, moi qu'oubliais ! vous partez, et mes boucles d'oreilles ?

Félicien n'avait jamais plus osé lui en parler ; cette demande subite le laissa interdit.

— Oui, mes boucles d'oreilles, c'est bien moi qui vous les demande à présent ! et pour ne plus vous les rendre, non, jamais plus ! Ce n'est pas pour les mettre, allez, mais pour les avoir, pour les garder ; il n'y aura jamais que vous pour qui je les mettrai...... oh ! donnez les moi donc vite, mon Félicien, ou nous n'aurons plus de temps....

Il courut, les prit et revint ; elle les saisit ; mais Marianne était là : n'osant pas ajouter un baiser, ils se donnèrent seulement la main.

Comme elle s'éloignait, elle revint encore, et, lui parlant dans l'oreille, avec un élan de cœur qu'elle ne savait plus retenir à mesure qu'elle lui échappait :

— Oui ! oui ! mon Félicien JE T'AIME !

— A dix jours ?....

— A toute la vie !

Elle s'enfuit. Félicien regagna sa chambre, installa ses malles, et vit enfin arriver ses camarades harassés ; ce fut lui qui se moqua d'eux.

Le lendemain matin, à l'aube, il passait sous la maison bien-aimée, suivi de ses paquets. Il la salua des yeux, murmurant tout bas ces mots, *mon*

16

Félicien, je t'aime.... *à dix jours*... *à toute la vie* !.... il se retourna plusieurs fois jusqu'à ce qu'il ne la vit plus.

Était-il heureux !

§

Duverger était à Marseille, auprès de son oncle qui l'aimait comme un fils. Le jeune homme devait, après dix jours, retourner à Aix, d'où il irait retrouver son père dans le Dauphiné.

Dix jours sont longs, lorsqu'ils vous séparent d'un amour assuré. Tous les instans qu'il pouvait se réserver, il les passait à reparcourir son année enchanteresse : temps de vives luttes, mais de victoire, enfin ! Dans les courses prolongées, c'est ainsi qu'il arrive une heure où l'on prend plaisir à faire halte, pour regarder derrière soi. Du regard on retourne sur ses pas : là un bois, plus loin un pic; plus loin, à l'horizon, une chaîne de monts de plus en plus vaporeux : les souvenirs se jalonnent dans l'ordre des fatigues; et, à mesurer cette immensité, on se trouve heureux de ses forces. Ainsi de lui : là cet obstacle, plus loin cet autre ; à chaque pas un combat ; et, pour conquête, un amour pur, sans alliage, sans trouble, sans regret, riche d'espérance. Où le conduirait cette aventure ? Il ne le savait, il ne le cherchait pas, le confiant jeune homme : il se laissait aller au sort.

L'intervalle était à moitié franchi, quand, un matin, l'oncle de Félicien l'appelle, et, d'un air de bonté qui n'excluait pas l'intelligence de quelque petit mystère sur lequel il fermait les yeux :

— Félicien, tiens ! une lettre pour toi. — Le jeune homme prit la lettre. Elle venait d'Aix. Pliée d'une manière informe, son papier et sa suscription avaient dû, en effet, éveiller la débonnaire attention du vieux parent. A peine dans sa chambre, Félicien lut. (Je ne reproduirai pas l'orthographe.)

M. DUVERGER,

« La personne que vous savez me charge de vous apprendre qu'elle
» se marie. Elle s'y est décidée, vu que c'était l'idée de ses parens;
» et puis on dit que c'est un bon parti. Etant au moment d'aller au
» pays, elle m'a dit de vous en prévenir, afin que vous ne vous dé-

» rangiez pas , et que vous ne pensiez plus à elle. Je désire que la
» présente vous trouve en santé. »

Votre servante, MARIANNE.

Félicien relut plusieurs fois. Etait-ce bien vrai? Il tourna la lettre en
tout sens; elle paraissait sincère. Et d'ailleurs qui pouvait, elle excep-
tée, savoir son projet de retour auprès de Pauline ?... C'était donc
bien vrai !... Ecrire? mais Marianne ne savait pas lire : elle aurait à
se faire aider , et alors quel danger !... D'un autre côté, nulle raison
pour quitter son oncle avant le terme ; et cependant, Pauline allait partir ;
il fallait sortir d'angoisse, il le fallait !... Simple étudiant, il n'avait
ni chevaux de poste, ni seulement une indépendance de vingt-quatre
heures... Quand même il l'aurait eue , il ne pouvait paraître à Aix en plein
jour sans éveiller des soupçons. Un rendez-vous avec Pauline , s'il n'était
impossible, pouvait devenir fatal pour elle... Jugez sa torture.

Il finit par s'arrêter à un parti : de Marseille à Aix , c'était moins
de cinq heures de marche : de onze heures du soir à quatre du matin ,
il y avait assez : il aurait deux heures ignorées, pour voir ou Pauline,
ou Marianne , ou personne, n'importe. Et , de six à neuf, la diligence
le ramènerait. Evadé la nuit, il rentrerait en prétextant une course ma-
tinale.

La veille , il écrivit à Marianne ces seuls mots :

« J'ai reçu votre lettre. Demain matin j'arrive à Aix , à quatre heu-
« res. Il faut que je vous voie. Arrangez-vous pour que ce soit comme
« la veille de mon départ. »

Le lendemain , quand son oncle est retiré , il descend à tâtons , détourne la clef dans la serrure qu'il avait eu soin d'assouplir , noue ses
chaussures sur la porte , et part.

Quel voyage ! ce n'était pas celui qu'il s'était promis. Qu'allait-il faire?
il n'en savait rien ; seulement , il allait. Tout cela était-il donc bien
possible ? il y avait des momens où il aurait voulu douter ; mais un instinct de vérité le ramenait bientôt à la certitude. Alors donc , elle le
trompait en lui disant adieu !... Alors , toutes ses paroles, jusqu'aux
dernières , étaient feintes !... Pauline le trahir ! cette seule pensée ré-
voltait, je ne dirai pas son amour, mais sa raison. — Eh bien ! oui,
il allait la trouver ; mais s'il la voyait, que lui dirait-il ? La détourne-
rait-il de sa résolution ?.... Hélas ! non.... Et, en effet, pour quoi
lui offrir ? Quoi , lui , écolier de dix-neuf ans ?... Non , non ! — Mais

alors, à quoi bon ?... Il n'avait qu'à rester.... Elle lui avait préféré *un bon parti*, disait la lettre.... Si c'était indifférence, que servait de s'en abreuver auprès d'elle ? Si c'était douleur et fatalité, qu'allait-il encore remuer ?...—Mais en même temps qu'il disait ces choses, une impatience indéfinissable précipitait son pas. Plus sa raison le dissuadait de cette folle course, plus une autre volonté, qui ne raisonnait pas, l'emportait ; il marchait toujours.

Qui que vous soyez, à Marseille, vous l'avez parcourue, cette route poudreuse dont la longueur égale la monotonie et la fatigue. L'étranger, quand il y passe, prend en haine notre nature, à cause des roches pelées et de la campagne pulvérulente qui ennuyent ses yeux. Quelle était autre, quand Félicien la dévorait de toute l'activité de son pas ! Il allait, au cœur de la nuit, seul avec ses pensées, à la recherche d'une chose qu'il savait, mais dont il voulait ne plus pouvoir douter. Il allait....Nuit calme, belle, nuit radieuse du midi au mois d'août, qui contrastait avec l'orage de ce jeune cœur ! La nuit, surtout quand une tristesse profonde vous met son crêpe autour des yeux, ce n'est plus ni la même nature, ni les mêmes aspects, ni le même horizon. On dirait que tout revêt une forme insolite ; la perspective se ravale, les montées vous viennent dessus, les arbres s'allongent d'une façon gigantesque, la vue n'a plus qu'un plan. Puis, tout vous retentit : le frôlement des habits, le pas, le sang ; si l'air court dans le feuillage, les feuilles parlent ; au sommet de *la viste*, les plages tranquilles s'entendent gémir ; à d'*Albertas*, le cri des chouettes vous appelle ; les plaintifs aboiemens des chiens vous suivent tout le long de la campagne ; les moindres ruisseaux murmurent avec des bruits qu'on ne leur connaissait pas ; et, à peine parvenu sur les hauteurs de *Luynes*, les cloches lugubres de la ville endormie, avec leurs coups qui arrivaient à Félicien comme des voix familières, sonnaient et répétaient trois heures sur tous les tons.

Il passa sur la *Rotonde*, près de la brasserie de Disler : efforts de mystère, rêves de félicité, à quoi tout cela l'avait-il conduit?... Il franchit la *grille de fer* encore fermée, parcourut le Cours désert, remonta la rue de la Miséricorde ; il contempla bien ces noirs hôtels qui marquaient le voisinage de sa demeure ; il s'y adossa pour regarder, comme si sa vue en eût pu traverser les murs, la maison qui devait renfermer celle dont il s'était cru aimé ; enfin, il parvint à son logement d'école, maintenant vide. La porte en était fermée ; mais Marianne l'attendait à la croisée, à ces barreaux de fer pleins de souvenirs !.... Elle courut aussitôt, il entra, se plaça sur le canapé de la grand'salle, et n'osa pas questionner....

— Mon bon M. Duverger, qu'êtes-vous donc venu faire à cette heure ?

— Vous me le demandez, Marianne ?... Est-ce que vous ne m'avez pas écrit ?

— Oui, elle l'a voulu ; mais c'était pour que vous ne vinssiez pas...

— Et c'est pour cela que je viens.... La verrai-je ?

— Eh non ! elle est déjà partie...— Sainte-Vierge, comme vous êtes pâle ! Oh ! si j'avais pensé que cela vous ferait tant de peine, je ne vous aurais jamais rien fait savoir....

— Et quand est-elle partie ?

— Hier après votre lettre.

— Alors, elle a eu bien peu de cœur, Marianne ! si encore elle avait eu quelque regret ! mais non : savoir que je viens pour lui dire le dernier des derniers adieux, et partir, sans une larme, sans un mot... Oh ! mon Dieu, mon Dieu ! je ne l'aurais jamais cru !

— Allez, si cela peut vous consoler, vous n'étiez pas seul chagrin.

— Comment ! elle aussi ?... Et qu'a-t-elle dit ? vite, vite, dites-le-moi ?

— Mais elle m'a fait jurer de ne pas vous en parler....

— Marianne, ce qu'elle a dit....? Vous me rendrez le repos !

— Si elle a pleuré !... Oh ! ce que vous me faites répéter ! Elle me fendait le cœur ; depuis que vous étiez parti, elle ne voulait plus me quitter ; hier, comme elle m'a embrassée !

— Mais, au nom du ciel, pourquoi ce mariage, alors ?

— Oh ! pour ça, c'est différent. Il y avait bien du temps qu'on lui en parlait ; elle disait toujours non ; il fallait se décider, à la fin.

— Oui, c'est cela ! il fallait...

— Mais, M. Félicien, elle disait que vous le saviez, vous....

— Moi !... Oh ! Bon Dieu !....

Félicien s'arrêta, frappé douloureusement d'un souvenir :

— Ah ! pourtant, oui, reprit-il... c'est vrai... je me souviens, maintenant... elle me l'avait dit...

Il ne parla plus. Il se mit ensuite à regarder, autour de lui, cette grande salle, la croisée, ce vieux sopha chamarré où il s'était assis. Il examinait ironiquement chaque objet, ayant l'air de se moquer de lui-même, et de tout ce qu'il avait consumé de pensées et d'efforts, dans ce même lieu.

Marianne vit avec plaisir que son chagrin se dissipait.

— Eh bien! Marianne, parlons un peu de ce mariage.... C'est un bon parti, m'avez-vous écrit !

Oh ! pour ça oui, allez, il en a celui-là des troupeaux dans la Crau ! Le temps est bien passé où il n'était que valet. Depuis qu'il n'est plus à la montagne, il a fait ses affaires. Enfin, figurez-vous qu'il a maintenant deux *mas*, (1) et encore une maison avec un grand étable à Salon ! Rien ne lui manquera, par exemple....

— Et il la connaissait depuis long-temps ?

— Vous ne voulez pas ! ils étaient presque *pays*. L'été, quand il menait les bêtes à la montagne, il parlait toujours à la famille ; et puis, le jeudi, à la vente des moutons, oh ! ça, quand ses affaires étaient finies, il ne manquait jamais de venir lui parler. Mais elle disait qu'elle n'était pas décidée ; ses parens avaient beau écrire, elle répondait toujours que cela ne pressait pas... Ensuite que cet été il lui était mort des bestiaux, et il disait comme ça que ce n'était pas le moment de se mettre en dépense ; mais il lui était bien attaché, toujours ! il lui promettait qu'elle serait bien maîtresse, qu'elle compterait avec les valets, quand il serait dehors ; qu'elle aurait soin de tout, et que, s'il montait une auberge, elle serait bien comme il faut pour la mener....

— En vérité, Marianne, vous me ravissez ! Elle devait être bien contente, alors ?

— Eh bien ! je puis vous le dire, à présent que vous êtes raisonnable : non. Malgré que tout le monde lui fît compliment, toujours elle me répétait que ça ne lui fesait point de plaisir, et qu'elle aurait donné sa vie pour que ça ne fût pas. Mais il le fallait, comme elle ajoutait. — Ah ! bien, elle aura un peu de chagrin de quitter la ville, et puis ça passera.

— Sans doute, ça passera, vous voyez, moi !...

— Ça passera, ça passera... dit-elle, en se reprenant. Oui, mais c'est qu'elle est moins raisonnable que vous, elle ! Vous, au moins, c'est un plaisir : un moment de peine, et puis vous voilà de nouveau content ; mais elle répondait toujours qu'il y avait des choses dont on ne se séparerait jamais.

— Et à quand le mariage ?

— Oh ! bientôt. Il l'attend au pays, vous savez ; cela s'arrange bien, que les bestiaux vont redescendre. Il l'épousera, et ils iront ensuite à Salon...

(1) Ferme dans la Crau.

— Si par hasard vous la voyez, il ne faudra pas lui dire que je suis venu..
c'est inutile, à présent... — Eh bien! adieu, Marianne!

— Comment! Et où allez-vous encore? Moi, qui croyais que vous alliez
vous reposer...

— Eh! je retourne à Marseille, c'est l'heure de la voiture...

— Est-il possible! mais restez la journée, au moins...

— Pour quoi faire, ici?...

— Eh donc! il y a Mlle. Agathe, Mlle. Constance, et bien d'autres;
allez, toutes ne sont pas parties...

— Ce serait trop de bonheur à la fois! reprit-il avec un éclat de rire. Je
pars.... Mais au nom de Dieu, Marianne, qu'on ne sache pas que je suis
venu... Eh?

— Dès que vous y tenez, soyez bien tranquille. — Il lui serra la main en
détournant la tête, car il n'y tenait plus; et se précipita dans la rue. Il
n'y avait plus rien dans cette rue, plus rien dans cette ville, plus que des
souvenirs qui l'exanimaient. Il se saisit précipitamment d'une place pour
Marseille, avec le tremblement d'un malheureux qui a peur d'être abandonné dans un désert. Epuisé d'insomnie, de fatigue et de douleur, il se
laissa balotter par les cahots, et rêva confusément, moitié éveillé, moitié
endormi. Il ne pouvait jamais démêler pourquoi il voyageait vers Marseille.
— Pour la vie... — Des choses qu'on ne quitte pas... — Un mariage....
— Des pleurs... — Quand les troupeaux descendraient de la montagne...
— Lui, d'où venait-il?... où avait-il couché?... Etait-elle à Marseille, qu'il
y allait?... — De grands arbres noirs... — Des chiens qui avaient aboyé
de loin... — Des chouettes sous un ombrage sombre... — Il se sentait, à
la fois, marcher péniblement et rouler vite, et cela en des sens opposés..
— Il désirait Aix et il s'en détournait avec effroi... — Il poursuivait sa
maison et la fuyait tout tremblant... — Mais il y avait quelque chose en lui
qui ne se contredisait pas: il avait le cœur serré et si oppressé, qu'inévita-
blement il y avait un malheur au fond.... La tête divague encore, que le
cœur est déjà fixé. Notre instable raison est encore à vaciller, que déjà la
douleur, comme un plomb, nous a renversés et attachés à notre sort. Malheureux Félicien! lui qui, avec tant d'abandon, me redisait, quelques mois
auparavant, les rêveries de ses dictées latines! Il les expiait, maintenant!

La voiture s'arrêta enfin.

La marche hâtive de l'étudiant rafraîchit un peu son esprit.... Je le vis
entrer chez moi, avec cette pâleur agitée que donne l'insomnie. Je savais ce

voyage ; mais, à l'expression de dérision qui animait ses yeux, je ne trouvai plus de question pour rompre le silence ; je le regardais.

— Vous ne voulez-donc pas me féliciter, mon cher ! je viens pourtant d'une bonne fortune !

En disant cela, un accent de colère ironique vibrait dans sa voix ; il se forçait à rire, et, à chaque effort, des couleurs âcres coupaient et machuraient instantanément ses traits.

— Non, mon ami ; je le vois, vous sortez d'une épreuve douloureuse, et vous vous exaspérez.

— Moi !... rassurez-vous ! je vous dis qu'elle m'attendait, qu'elle m'a reçu, que je suis le plus heureux... — Un gardien de bestiaux ? Allons donc ! je vous demande si elle pouvait me préférer un gardien de bestiaux !

Sa voix s'enflammait en disant ces mots.

— Cessez, Félicien, je vous en supplie ; quittez ce langage.

— Félicien sentait le besoin de s'épancher, mais il ne pouvait plus s'y décider. Il s'assit près de moi, brisé, et d'un ton de voix toujours amer, mais qui prenait de la mélancolie :

— N'est-ce pas, mon ami, que j'étais un amoureux bien bucolique, et que c'était là un touchant commerce de bouquets et de tendresses pastorales ? Plus j'y songe, plus je m'admire au milieu de mes candides mystères et de la mélodie de mes hymnes langoureux !.... J'ai fait une églogue de six mois, mon cher... Il y manquait un pâtre ; il y est !

— Au nom de Dieu, Félicien, parlez-moi de cœur ! Ne suis-je donc plus votre ami ?

— Eh ! que vous dirai-je ? je n'ai plus rien à vous dire : mon cœur est sec... — Je suis allé... Non, elle ne m'attendait pas : je lui fais peur, elle m'a fui... Je lui fais peur, moi, moi, mon ami ! Ne trouvez-vous pas que je devais l'épouvanter, moi qui me livrais à toutes ses volontés, moi qui l'adorais dans tous ses refus, moi qui n'ai même pas la force de la maudire en ce moment ?... — Sachant que j'arrivais, elle s'est enfuie. Je n'ai trouvé personne, et me voilà ! — O mon Dieu, mon ami, que d'amertume j'ai sur le cœur !...

Le pauvre jeune homme, en achevant ces paroles, laissa tomber son front sur ses deux mains, et demeura dans une immobilité profonde.

Toute observation l'eût irrité. Je laissai passer l'orage.

Tout-à-coup, par un mouvement convulsif, il tressaillit de tout son corps et se mit debout :

— Eh bien ! s'écria-t-il : moi aussi, j'irai !

— Vous irez ?... et où pouvez-vous aller ?

— J'irai où elle est... — Eh bien ! après ? qu'y a-t-il ?

— Félicien, vous n'irez pas, j'en suis sûr.

— Et qui m'en empêchera ?

— Vous !

— Moi ?

— Oui, vous ! Dites-moi : C'est jusques dans sa famille que vous voulez la poursuivre ?.... Dites-moi encore : son repos, son honneur, son avenir, cet avenir que vous n'avez malheureusement pas, vous, la puissance de lui assurer, tout cela vous entendez le troubler ?.... Alors, allez-y !

— Non, non, je ne veux rien troubler.... Je sais, je ne suis qu'un échappé de collége ; je sais, si j'étais gardien de bestiaux, si j'allais prendre les bêtes à la montagne, oh ! alors.... Mais moi !...— C'est vrai que je l'aimais, que je n'avais de pensée et de vie qu'en elle.... — Mais moi, je n'étais bon qu'à la diffamer ou à m'attirer la risée, je le sais !

— Laissez ce mot de risée, Félicien ! non, vous étiez plein de noblesse d'âme ; je vous en aime, et je vous en plains ; mais comprenez la fatalité qui vous a conduit d'un premier badinage en tout ce malheur.... Que voulez-vous tenter encore ? Votre présence la perdrait....

— Ma présence ! Eh ! que craignez-vous donc ? Quoi ! vous aussi, vous méconnaissez mon cœur ?... L'afficher, la perdre, dites-vous? Ah ! plutôt sacrifier tout au monde, car je l'aime, voyez-vous, je l'aime dans cette fuite que j'accuse ; je la vénère dans sa résolution ; oui j'irai, mais voilà tout. Je serai là: eh bien ! après? Qui me connaîtra ? Qui saura pourquoi j'y suis ? Je ne parlerai à personne. Je serai là, vous dis-je; mais comme le premier venu ; je me promenerai, je dévorerai tout; voyons, où est le mal ?.... Elle me verra, elle, mais elle seule me connaît.... Elle souffre ? Eh bien ! si elle souffre, moi aussi je souffrirai ; si elle s'immole, moi aussi je lui apprendrai que je sais prendre ma part de supplice, et qu'il faut que tout, jusqu'à ce déchirement, nous soit commun. Quand j'entrerai à l'église, elle y entrera bien, elle !.... Dites-donc ! si, en me voyant en habit, le pâtre allait me prendre pour témoin.... Pour témoin, eh?... Oh ! détournez-bien la tête, jeune fille... Mais vous ne voulez donc pas rire ?

Il finissait à peine, qu'une espèce d'effroi de sa propre déraison lui courut par tous les membres. Il se laissa retomber sur sa place, avec un affaissement fébrile ; puis, relevant ses yeux humectés enfin de quelques larmes:

17

— Excusez-moi, mon ami, je ne sais plus ce que je dis.... Je suis bien fatigué....

Il fallait, cependant, retourner chez son oncle. Il fit un dernier effort, prit mon bras et s'y traîna...

Sa chaussure était assez poudreuse, pour attester l'imprudence de quelque course forcée. Son oncle ignora la vraie cause de son état.

Malheureusement ce que je pressentais arriva. Cette pauvre tête ne tenait plus à tant de secousses ; son corps délicat s'était épuisé en efforts. Ce furent bien des jours de délire pour lui , et d'alarmes pour ceux qui l'entouraient. Mais par un instinct qui dominait le désordre de ses pensées, jamais il n'articulait un mot sur ce sujet, que lorsqu'il me sentait seul, tant il s'était passionné à concentrer en lui cette vive émotion de sa vie ! Peu à peu ; son agitation se calma, et il lui revint assez de forces pour que son oncle pût le conduire en Dauphiné.

Mais hélas ! les premiers instans d'un malheur ne sont peut-être pas les plus cruels. C'est seulement bien après que le coup est porté, qu'il vient une heure où la vraie douleur s'éveille; celle-là n'est plus sourde et instinctive, mais aiguë et claire. Alors les plaies s'irritent : de poignans élancemens dardent la blessure : c'est notre nature ulcérée qui se met enfin en harmonie avec le mal.

Et, croyez-vous qu'elles fussent accusatrices, ses plaintes ? Il n'en eût pas tant souffert ! C'est qu'au contraire , à mesure qu'il avançait, grâce au travail méditatif de son esprit , les obscurités qui enveloppaient cet événement, s'effaçaient; la clarté s'y fesait douce, mais plus désespérante aussi. — Qu'avait-il fait de poursuivre de ses vœux cette angélique fille ? Oui, qu'avait-il fait ?... Il l'avait contrainte à se marier sans amour, sans joie , en fermant les yeux ! Ce qui, six mois plus tôt, eût pu faire son bonheur , elle l'avait pris d'épouvante et de désespoir.... pauvre fille , qui s'était retenue à tout pour ne pas glisser , et à qui tout avait échappé ! Que lui fût-il resté après ces dix jours qu'elle avait demandés ? Plus rien , pas même les reproches de sa raison , dont elle n'osait plus affliger son amant... — Qu'il avait dû lui en coûter pour tout rompre à la fois dans ce peu de jours ! Déchirer elle-même ses rêves, se vouer à un mariage glacé ; se séparer, pour la vie , de cet amour qu'elle respirait encore... et tout cela pour la bouche d'un pâtre !.... Et ce n'était pas tout , car ce n'était qu'elle ; mais trahir sa promesse, désoler son amant , lui laisser le mépris de sa Pauline , et devoir s'in-

terdire jusqu'à la consolation de se justifier ! Croyez que la douleur de
Duverger, en pensant à tout cela, devait être bien amère ?

Et puis, pour un retour sur ce qui fût arrivé, si elle eût tenu parole,
il parcourait l'avenir de ces deux années d'école qui lui seraient res-
tées..... Il ne savait plus s'arrêter dans l'intervalle, comme autrefois ;
il regardait droit au terme : au terme, qu'eût-il fait ? Cette question
intérieure l'effrayait toujours : en effet, Pauline n'était pas une fille légère. Leur intime raison à tous deux ne pouvait s'abuser sur une
possibilité d'union, à cet âge, sous la dépendance d'un père.... Il ne
faut pas croire que l'amour se mesure toujours à la promptitude avec
laquelle on pourra demander ou forcer une main. C'est souvent une affaire de cerveau, ou mieux, d'absence de cerveau, et de fascination
banale. Ce qui fait les enlèvemens, bien des fois, c'est une fumée : l'i-
vresse passée, les dégoûts viennent, car il n'y avait pas de solide amour.
L'amour solide est celui qui comprend les obstacles, au lieu de les nier ;
qui les combat, s'il peut ; qui les subit, s'il n'ose ; qui se sacrifie, s'il
le faut, et sait souffrir pour ce qu'il aime ; celui-là survit à l'infortune,
comme il eût survécu au bonheur... —Qu'eût-il donc fait ?... Si ce mystère eût été surpris (et il pouvait l'être), que devenait Pauline ? Quel
avenir ? Quel refuge ?... Qui, hormis des étudians, eût voulu songer
à elle ?... Et qui sait si, quelque jour, un de ses camarades n'aurait
pas capté l'héritage de Félicien ?... Oh ! plutôt mariée que perdue !
s'écriait-il en frissonnant.

Il n'y avait qu'un ange qui pût adoucir ce mal. Vous comprenez que Félicien n'en ouvrit pas la bouche à sœur Marie, sa bien aimée sœur ; mais il
ne se plaisait qu'avec elle. La tranquillité du parloir, la fraîcheur du cloître
et la senteur d'encens qui y courait, le reposaient. Cette simple causerie
monastique le récréait. Sœur Marie, avec moins d'enjouement que son frère,
mais plus de solidité de caractère, n'avait pas moins de sensibilité! Dans
le monde, elle eût été un modèle de qualités et de dévouement. Peut-être
avait-elle mieux fait de préférer le repos claustral : la vie du monde a des re-
viremens si durs ! Elle lui coûtait les petits démêlés intérieurs, les finesses
innocentes qui coupaient cette vie de prières. Félicien se prenait à sourire,
en comparant ce léger esprit de lutte appliqué à un livre d'heures, à la con-
servation d'une fleur, à une préférence de la supérieure, avec la guerre animée qu'il venait de soutenir sur un bien autre théâtre, contre une hostilité
si active et si acérée. Il vit avec chagrin finir ce temps de soulagement ; l'é-

cole le rappelait. Il fit ses adieux à sa sœur, et la remercia par ces seuls mots : — Ma bonne Marie, j'avais beaucoup de peines dans le cœur ; ces vacances, vous les avez adoucies par votre amitié : en vous souvenant de moi, cette pensée vous fera plaisir !

Félicien revint à Aix.

Tout ce que Marianne lui apprit, c'est que ce mariage s'était consommé, malheureusement sous de tristes auspices : la veille de la cérémonie, la mère de Pauline, dans sa joie, s'était beaucoup agitée pour disposer la fête de famille : un mal subit l'avait prise, et elle était morte. Mais, comme les bestiaux avaient commencé à descendre, le prétendu n'avait pas voulu différer davantage. Avant que la pauvre femme fût ensevelie, le mariage s'était fini, et ils étaient partis pour Salon.

Plus rien ne vint aux oreilles de Félicien ; et même il ne cherchait plus à rien savoir. Il poursuivit ses études, sans autre délassement que les travaux, maintenant sérieux pour lui, auxquels il prenait part, dans le commerce de cette société de nobles intelligences, aux destinées de laquelle il resta depuis lors attaché. Seulement, par un dernier effort de délicatesse, il continua ses regards affectés pour Mlle. Agathe, et ses assiduités de salon auprès de Mme. Aglaé, pour qu'il fût bien manifeste que la disparition de Pauline n'avait rien changé. C'était bien là cette *végétation funèbre* du livre d'*Adolphe*, qui donne encor des feuilles vertes aux rameaux de l'arbre coupé au pied !

Un jour de l'été, cédant à l'entraînement de ses camarades, il s'était laissé aller à une partie joyeuse. Quand il rentra, Marianne le prit à part, et, d'un air triste :

— Vous ne savez pas ! elle est passée ce matin bien malade ; on l'envoie au pays changer d'air, parce que celui de Salon lui est contraire. Si vous l'aviez vue, elle vous aurait fait peine....

— Et elle est partie ?...

— Oui, après s'être un peu reposée.

— Elle n'a rien dit ?

— Rien, il y avait toujours quelqu'un ; elle m'a seulement demandé si tout le monde se portait bien à la maison ? Je lui ai répondu que oui, et que nos jeunes gens étaient allés s'amuser ; alors elle m'a pris la main.

Félicien souffrit et se tut. Plus tard, le mari de Pauline, qui l'avait accompagnée, était repassé seul, retournant à Salon. Il était de fort mauvaise humeur, apprit Félicien. Pauline *ne voulait pas se re-mettre*; il avait fait beaucoup de dépenses pour ce mariage et pour cette maladie. Il ne comprenait rien à cette femme. Elle n'avait jamais le moindre contentement, elle n'était bonne à rien! Ensuite, tous ces voyages lui coûtaient.... — Il l'avait laissée chez ses parens, et irait la prendre en octobre, à la descente des bestiaux.

Il y eut des momens où le jeune homme, éperdu, roula en lui-même bien des projets. Aller auprès d'elle, mais à quel titre? Dans les petits pays, tout se sait. — Comment la voir d'ailleurs? Sous quel prétexte pénétrer dans sa famille? Ne désolerait-il pas Pauline? Il ne savait plus. Il ourdissait ainsi mille plans, et toujours, à l'exécution, la volonté lui manquait. Seulement Marianne lui promettait d'aller, aussitôt que les vacances seraient commencées, et de lui faire passer des nouvelles. Alors, avant son retour en Dauphiné, suivant ces nouvelles, il irait.

Il était encore à Marseille avec son oncle; léger et confiant, il se flattait de la savoir bientôt rétablie. L'air natal l'aurait ranimée; sans-doute, aussi, l'on aurait exagéré la gravité de son mal. Il espérait; on se laisse si volontiers glisser aux illusions!

Une lettre lui arrive, datée d'un village:

« Sachant que vous portiez intérêt à Pauline, je vous écris pour vous
« annoncer que la pauvre vient de mourir à son pays, après une longue
« maladie. Ses parens ont bien fait tout ce qu'ils ont pu, mais c'était son
« sort. On lui a fait un bel enterrement. Tous les jeunes gens de la ville y
« étaient. Tout le monde pleurait.

« Votre servante,
MARIANNE.

Peu de jours après, Félicien était dans ce village auprès de la bonne servante qui lui avait fait écrire. Il l'écoutait comme il eût écouté Pauline: immobile, sans jamais l'interrompre, dévorant ce patois ingénu qui lui retraçait son malheur.

— Elle était allée, dès que les vacances l'avaient rendue libre du service. Déjà Pauline, sentant qu'elle ne se relèverait plus, avait pris le courage de vouloir encore une fois lui parler, à lui. Elle avait fait une lettre à Marianne pour qu'il vînt. Elle l'avait attendu, attendu, s'effrayant de voir arriver la mort si vite.... A la fin, comme personne ne paraissait, elle s'était résignée, et alors elle était tombée dans un affaissement qu'elle ne combattait plus. C'est dans ce moment que Marianne était arrivée.... Marianne! ce n'était pourtant que Marianne, et elle s'était ranimée ; elle avait voulu qu'on l'habillât ; elle s'était fait mettre un de ses bonnets de jeune fille ; elle avait conversé avec sa bien-aimée Marianne, pendant des heures et des heures, pendant tout le jour. Pâle et bien amaigrie, elle était jolie encore, avec ses boucles tristement alongées, et ce regard aussi aimant, mais alors fixe, comme le lui fesait le mal. Une espèce de joie lui avait insensiblement coloré les joues ; et ses parens, voyant bien que c'était le dernier contentement qui lui restât, avaient laissé durer l'entretien. Que de questions elle avait faites, Cette malheureuse lettre s'était expliquée ; son messager l'avait perdue. (Ces messagers d'occasion !...) Pauline avait alors repris toute sa vie, et ses fleurs, et son Tholonet, et ses rencontres, et ses rendez-vous, et ses mystères, et ses derniers adieux, et ses boucles d'oreilles, et les traits de son Félicien, et sa voix, et ses longues caresses ; tout était revenu ; d'un souvenir elle passait à l'autre, ensuite elle disait qu'elle se sentait de nouvelles forces ; que depuis l'entrée de Marianne elle n'avait plus de mal ; que Marianne lui rendait la vie, que Marianne lui écrivît de venir, qu'il vînt, qu'il vînt, qu'elle l'aimerait toujours, qu'elle n'avait jamais aimé que lui... Oh ! elle n'eût jamais fini ! Il fallut que Marianne, en s'arrachant de ses bras dont la faiblesse suppliait, lui promît de revenir bientôt, avant une semaine au plus tard.

C'était déjà même trop tard !... Marianne se mettait en route pour la revoir, lorsqu'on lui avait appris que c'était fini. Après cette longue visite, la vie de la jeune femme avait bientôt achevé de s'épuiser. Pauline l'avait senti ; elle avait une dernière fois demandé ses boucles d'oreilles et joué doucement avec elles. Enfin, comprenant que le moment n'était pas loin, elle avait recommandé qu'on ne manquât pas de les lui mettre, quand elle serait morte.

On avait rempli sa triste volonté !...

Félicien écoutait toujours, l'œil fixé sur Marianne, et de longues larmes descendaient sur ce visage hâve, qui avait rayonné de tant de gaîté, d'espérance et d'amour.

Duverger n'a plus mis le pied en Provence. Sa douce sœur Marie ne pouvait plus calmer sa douleur, redevenue de fiel. Cette sépulture du cloître l'irritait de nouveau ; ses imprécations revivaient toutes, avec cette mélancolique et sombre conclusion : qu'il n'était bon qu'à ensevelir tout ce qu'il aimait !

Les succès émouvans par lesquels, sur une scène éloignée, il a voulu faire diversion à ses souvenirs, n'ont rien changé à cette humeur âcre et

intérieure, que de nobles sentimens déguisent au dehors. Une position élevée, de chaudes et puissantes amitiés suffisent-elles pour ranimer les fibres
de cette sensibilité qui s'est desséchée ? Oh ! il le sait : ceci n'est pas dans ma
bouche un reproche, mais un regret ; et, le dirai-je ? ce livre est une prière!
Puisse-t-il, quand lui parviendront ces révélations mystérieuses, que quelques amis pourront deviner, mais assurément ne trahiront pas ; puisse-t-il
reprendre, à la voix de l'amitié, et non pour elle mais pour lui, un peu de
son âme de jeune homme, si douce, si aimante, que son souvenir seul en
a inondé cet écrit !

Depuis ce temps, pour moi, Aix est bien changé. J'aime à me rappeler cette ville, et j'évite d'y rentrer. Tout ce qui avait rempli là ma
vie d'étudiant, en est disparu. Mes camarades n'y sont plus. Marianne
est retirée, pour ses vieux jours, dans son pays. Mademoiselle Constance
est mariée à Brignolles. Mademoiselle Agathe a épousé un Commis-
sionnaire-chargeur de la Bourgade, et lui a donné cinq enfans. Monsieur et Madame Deigary survivent : mais elle est aveugle et lui para-
lysé. Enfin Madame Aglaë s'est faite dévote. L'aspect même de la ville
est autre : les vieux ormeaux du cours ont fait place à des arbrisseaux :
les chouettes se sont envolées : on badigeonne les vieux hôtels ; les rues
sont éclairées ; ce n'est plus qu'une ville nouvelle : je n'y retrouve plus
rien.

Et, de tout cet amour auquel j'assistai avec des émotions qu'on ne
retrouve jamais plus dans la vie, il ne me reste, pour raviver le sentiment triste et doux qu'il fit naître et qui chaque jour s'efface, il ne
me reste que le souvenir de ces simples *Boucles d'Oreilles*, acceptées
avec tant de candeur, envoyées avec tant d'espérance, refusées, reprises, refusées et reprises encore avec tant de délicatesse d'âme, re-
demandées avec tant de transport, gardées avec tant de dévotion, tant
aimées et jamais portées, et dont tout le sort était de noircir un jour
dans la terre, dernière parure de la jolie fille qui les reçut.

www.ingramcontent.com/pod-product-compliance
Lightning Source LLC
Chambersburg PA
CBHW071907200326
41519CB00016B/4524